Minuscules aperçus
sur la difficulté d'
enseigner

Jacques Salomé

Minuscules aperçus sur la difficulté d' enseigner

Illustrations de Françoise Malnuit

Albin Michel

Pour une éducation
à la conscientisation

Il y aura un jour dans les familles, dans les écoles, une éducation à la « conscientisation ».

Je veux parler d'une éducation à partir de laquelle chaque enfant sera invité à entendre et à amplifier l'éveil de ses possibles, à mieux reconnaître ses ressources et ses limites et, au-delà, à percevoir l'humanitude, l'unicité et, pourquoi pas, la part d'universalité qui est inscrite en lui.

Une éducation qui lui permettra et l'autorisera à ressentir ce qu'il ressent, à éprouver ce qu'il éprouve à un moment donné, à pouvoir identifier son vécu et ses sentiments réels du moment, sans avoir à les emprunter ou à les copier sur autrui, et surtout à pouvoir les exprimer et les partager.

Une éducation où lui seront ainsi offerts les moyens d'un véritable apprentissage pour :

• s'exercer à mieux percevoir non seulement les différentes sensations qui suscitent en lui des situations de gratification et de valorisation et celles qui sont plus porteuses de frustration, d'incompréhension ou de rejet, mais aussi à mieux reconnaître ses attitudes, conduites et comportements liés à ses ressources, ses qualités, ses potentialités et à ses zones d'intolérance ;

• affiner ses capacités de discernement et donc de choix et d'engagement ;

• apprendre à distinguer entre écouter et entendre, entre regarder et voir, entre s'exprimer et communiquer pour accéder aux sens possibles d'une situation, d'un fait, d'un événement ;

• développer un regard plus lucide pour lui permettre de mieux distinguer entre le monde des apparences et celui des enjeux personnels ou politiques qui sont à l'œuvre dans tout événement.

Il y aura un jour dans les écoles une éducation consacrée à la sauvegarde du respect de soi, des autres et de la vie sous toutes ses formes.

Il y aura un jour dans les écoles les bases d'une formation centrée sur la découverte que nous sommes toujours trois dans une rencontre ou un partage : l'autre, moi et la relation qui nous relie. En conscientisant que cette relation a toujours deux extrémités et qu'il appartient à chacun d'apprendre à être responsable d'une de ces extrémités.

Il y aura une éducation de la responsabilisation qui sollicitera chacun à se sentir partie prenante de ce qui lui arrive et donc responsable de l'extrémité qui est la sienne. Une formation qui l'invitera à se sentir attentif, vigilant et respectueux de l'autre (celle ou celui qui est devant lui), dans la découverte et l'expérimentation de la différence, de l'unicité de chacun et de son altérité.

Il y aura un jour, dans les écoles, un enseignement pour apprendre aux enfants à protéger et à nourrir notre relation à l'univers, pour les initier à vivre et à agir comme des êtres planétaires qui ne pourront plus, devenus adultes, se contenter de gérer la planète Terre à partir d'intérêts locaux, nationaux ou circonstanciels, mais comme un bien commun, précieux, à aimer, à protéger et à transmettre enrichi de plus de vivance et d'énergie.

Il y aura un jour la nécessité de repenser les rapports de force entre enfants et adultes et à développer plus de réciprocité et de mutualité.

Il y aura un jour une écologie relationnelle qui fleurira entre les êtres et leur donnera des moyens concrets d'accéder, au-delà de l'espérance, à cette aspiration d'absolu et de paix qui habite tout humain.

Il y aura une impulsion plus vitale qu'un besoin, plus ambitieuse qu'un désir, plus puissante qu'un éveil pour générer des relations de qualité, susciter plus de convivialité et désamorcer les risques de violence et d'auto-violence toujours présents potentiellement dans tout échange.

Il y aura un mouvement plus profond qu'un élan, plus large qu'un envol, plus généreux qu'une promesse pour développer des bases communes permettant d'échanger, de partager sans s'aliéner, sans se violenter.

Il y aura un idéal plus vivant qu'un rêve.

Il y aura le projet commun d'une charte de vie pour un mieux-être relationnel, pour oser se proposer des communications créatives entre les hommes et les femmes de ce monde.

Le peuple de l'école

Il y a ceux qui sont dedans et ceux qui sont dehors.

Il y a ceux qui, étant dedans, se désespèrent ou se révoltent, et ceux qui s'aveuglent encore sur des pratiques caduques et pathétiquement périmées. Il y a aussi au-dedans ceux qui sont en recherche, en interrogation et avancent avec leurs moyens et leur foi.

Il y a ceux qui s'accrochent avec ténacité et enthousiasme et ceux qui s'en tiennent aux « bonnes-vieilles-méthodes-d'autrefois », et qui survivent... Il y a aussi ceux qui ne doutent de rien : « Moi je n'ai pas de problèmes dans ma classe, je ne me reconnais pas dans tout ce que j'entends autour de moi sur l'école... » Ces derniers ne s'interrogeant jamais sur ce qui se passe dans la trame cachée, le tissu profond d'une classe, dans l'économie souterraine qui structure aujourd'hui les rapports de force et de soumission entre les enfants... ni sur ce qui se passera dans l'heure qui suit, hors de l'école ou avec le collègue qui prend la suite !

Il y a les utopiques (j'en suis), les dérangeurs

(j'en suis aussi) qui voudraient qu'on cesse de faire des réformes en aval, pour proposer et œuvrer en amont...

Il y a les inquiets (qui sont peut-être les mêmes que les précédents) qui se demandent combien de temps, à quel prix ils vont tenir, et comment ils pourront continuer de transmettre, d'exercer cette profession extraordinaire, dans laquelle ils ont mis l'essentiel de leurs valeurs et parfois de leur vie : enseigner et former.

Il y a les enfants et l'immense vague de leurs attentes, de leur curiosité, de leurs maladresses et de leurs violences aussi, avec des besoins multiples trop souvent confondus avec leurs désirs. Il y a des adolescents avides de savoirs et d'expériences, et d'autres qui reculent autant qu'ils peuvent l'entrée dans la vie, ces adultolescents qui vivent dans la dépendance tout en menant une vie marginale échappant aux contraintes de la vie sociale...

Il y a les parents avec leurs inquiétudes, leurs doutes et leurs désirs de voir réussir leurs enfants, avec leur souci de collaborer, d'aller au-delà de leurs réactions passionnées ou passionnelles parfois à l'encontre des enseignants, avec leur désir profond d'un univers scolaire meilleur, plus sécurisant, plus interactif pour leurs enfants.

Il y a aussi tous ceux qui militent activement dans les associations de parents d'élèves et qui tentent de négocier, d'ingérer quelques idées, quelques changements dans l'immense et trop souvent inaccessible Institution qu'est l'Instruction publique, quel que soit le nom qu'elle porte : Education nationale ou ministère de l'Education...

Il y a tous ceux qui de près ou de loin coexistent avec l'école, qui s'en servent ou qui la maltraitent, ceux qui glosent sur ce qu'elle devrait être, ceux qui l'attaquent parce qu'elle les menace, ceux qui pourraient avoir envie de la manipuler pour des enjeux quelquefois suspects.

Il y a aussi bien sûr les politiques. Et je voudrais, dans ce registre, distinguer les institutions et les personnes. C'est avec les personnes que les choses bougent. C'est avec tel élu, tel fonctionnaire, tel responsable qui s'engage, tel chargé de mission qui prend sur lui d'affronter le maquis des règlements, les marécages des lieux communs, la jungle épaisse des habitudes ou les savanes stériles des commissions, pour défendre, soutenir une avancée significative, un projet, un changement dans l'univers de l'Ecole.

C'est telle personne, et j'en connais, qui, au-delà de sa fonction, parmi toutes les priorités, soutient, dynamise une idée et la lance dans la vie en œuvrant pour qu'elle ne se banalise pas, pour qu'elle ne se dévitalise pas, pour qu'elle reste passionnante et efficiente !

Il y a les syndicats ! Ah ! les syndicats d'enseignants, sans lesquels rien ne semble possible, avec lesquels rien n'est facile... Avec lesquels surtout rien n'est faisable si on les braque, si on leur impose, si on ne les sensibilise pas, si on ne s'appuie pas sur leurs ressources ! Mais eux aussi changent, évoluent, s'intéressent de plus en plus, au-delà du revendicatif, au pédagogique et au relationnel, ils s'ouvrent et prolongent leurs réflexions sur le sens de l'école d'aujourd'hui et par là même sur la finalité de leur action et de leur engagement.

L'immense peuple de l'école qui rassemble des gens d'horizons, de cultures si différents, ce peuple de l'école si passionné, si antagoniste par moments, si divisé, si perplexe et pourtant si désirant de quelque chose d'autre, de quelque chose de nouveau. Ce peuple, dont je viens de tracer un portrait rapide, est globalement porteur d'une espérance et d'une promesse pour une école qui socialise, qui renforce l'autonomie des enfants, qui leur permette de trouver une place dans le concret de la vie, qui transmette des valeurs et qui ait le souci de développer en son sein des relations non violentes.

Oui, l'école doit changer

L'école doit changer, c'est une banalité de le dire, chacun en est persuadé, mais personne ne semble s'accorder encore sur le comment, la direction à prendre et les moyens à utiliser. On a consulté (en décembre 2003) les parents, les enseignants et tous ceux qui s'intéressent à l'école : quinze mille réunions, débats, des dizaines de milliers de communications sur Internet, pour que chacun puisse donner son point de vue, sa vision de l'école, faire des propositions, dégager des urgences et des lignes de conduite...

Quelques antiennes reviennent : la formation des enseignants (qu'on a cru réglée en France, par la mise en place des IUFM et la création d'une nouvelle étiquette : professeur des écoles), l'augmentation du nombre des professeurs, une décentralisation possible, une gestion plus rigoureuse du matériel, des novations technologiques, une refonte des programmes, des aménagements au niveau des soutiens scolaires...

Les colmatages sur le bateau *École* sont fréquents, parfois efficaces circonstanciellement, ponctuellement, mais toujours limités par le court terme, apaisants tout au plus, dérisoires souvent par rapport aux problématiques aiguës vécues sur le terrain. Les enseignants hésitent trop souvent entre séduction pédagogiste (prenant appui sur des techniques audiovisuelles, sur la technologie avancée comme Internet et autres médias) et tentation répressive avec le retour à des contraintes, des exigences plus coercitives. Ils oscillent entre se protéger et entrer de plain-pied dans une évolution qui ne les rassure pas. Peut-être faudrat-il trouver une troisième voie, la voie du milieu : cohérence par rapport aux besoins des enfants, rigueur face aux comportements atypiques, affirmation des valeurs et des devoirs, engagements, implications personnelles...

Si je poursuis l'image, il faudrait pour le bateau *École* une révolution équivalente à celle introduite par l'arrivée des multicoques dans l'univers de la voile. Un changement de regard, des concepts plus interpellants, une dynamique nouvelle pour faire de l'univers scolaire une école de vie.

Il y a quelques années, un reportage fut diffusé sur France 2 : « Les professeurs qui réussissent ». Ce qui m'a frappé, c'est la cohérence qu'il y avait entre ces enseignants qui ne se connaissaient pas et qui cependant, avec des modalités différentes, proposaient des points communs, des attitudes et des comportements, qui m'ont semblé poser des jalons possibles pour une autre pédagogie, une pédagogie que j'appelle : **pédagogie relationnelle du respect de soi et de l'autre et de l'implication.**

J'ai retenu quelques points qui paraissaient être communs à chacun, quelle que soit la matière qu'ils transmettaient :

• Ils étaient la plupart du temps dans la salle et non au tableau ou à leur bureau.

• Ils semblaient travailler en équipe, n'étaient pas renvoyés à une solitude qui pèse parfois trop lourd sur l'équilibre et la dynamique d'un enseignant.

• Ils avaient un contact physique ludique, chaleureux et bienveillant avec les élèves.

• Ils introduisaient des échanges personnalisés, sorte de sauce, de liant qui donnait à la matière transmise une vie, un goût, une odeur, une densité particulière.

• Ils s'appuyaient sur les compétences présentes dans la classe. Avant de répondre directement au questionnement d'un élève, ils recherchaient un appui chez les autres élèves, les invitaient à donner leur propre réponse.

• Ils favorisaient le partage, la confrontation et non l'affrontement.

• Ils étaient manifestement passionnés par la matière qu'ils avaient à transmettre.

• Ils cultivaient tous une dimension inter et intrarelationnelle qui allait au-delà de la relation fonctionnelle visant à la transmission et à l'intégration d'un savoir ou d'un savoir-faire, pour développer ce qui m'a semblé relever plus d'un savoir-être, d'un savoir-créer et d'un savoir-devenir.

Je me situe, pour ma part, dans cette catégorie des formateurs utopiques, un peu monomanes, qui croient en la relation. Je reste fixé, accroché à une seule idée de base, qui s'appuie sur une croyance confirmée par l'expérience : la nécessité d'apprendre la communication relationnelle dans tout le cursus scolaire, comme une matière à part entière. D'ajouter aux quatre matières de base : lire, écrire, compter, s'exprimer, une cinquième : communiquer à partir d'une mise en commun qui favorise la non-violence.

En proposant inlassablement d'introduire un apprentissage de la communication au même titre que le calcul, le français, l'histoire, la géographie, la biologie, avec une méthodologie de base accessible et transmissible à chacun. Dans la foulée des travaux de Françoise Dolto, qui ont suscité – nous en bénéficions tous les jours – beaucoup de changements dans les crèches, dans les maternelles, dans les conduites parentales à l'égard de la petite enfance, mais qui ont buté, me semble-t-il, sur les changements touchant à la grande école, aux collèges et aux lycées. Ils n'ont pas induit, à mon avis, suffisamment de changements dans les conduites pédagogiques du primaire et du secondaire, et n'ont pas éveillé chez les enseignants la nécessité (et le courage) d'une implication personnelle qui supposerait la remise en cause de leur positionnement relationnel en classe.

Je me situe comme un pédagogue de la relation, faisant le pari qu'il est possible de transmettre aux enfants des règles d'hygiène relationnelle plus dynamiques et structurantes que l'improvisation, le spontanéisme chaotique ou la simple bonne volonté et les bonnes intentions (qui s'apparentent aujourd'hui à des vœux pieux) qui « sévissent » actuellement. Aujourd'hui beaucoup d'enseignants tentent de lutter contre le réactionnel et de communiquer avec plus de relationnel, en s'appuyant sur une alliance possible avec les ressources de chaque enfant, mais il en est peu qui tentent d'apprendre à communiquer autrement, de transmettre une véritable pédagogie de la communication.

Je propose que l'on puisse enseigner la communication à la fois comme un outil (directement exploitable dans le contexte scolaire) et comme une pratique concrète, s'appuyant sur le vécu immédiat des enfants d'une classe (avec toutes les implications que cela suppose dans l'univers de l'enfant : loisirs, famille, société proche et élargie).

Je crois cela possible, nécessaire et urgent pour rassembler, pour donner au peuple de l'école une cohérence plus grande à partir d'un langage commun, intégrant des pratiques différentes mais articulées autour de quelques bases repérables qui serviront de balises. En rappelant qu'une balise ne vous dit pas d'aller à tel ou tel endroit mais vous indique que si vous avez envie d'aller à tel endroit, c'est dans cette direction et que tant de kilomètres sont à parcourir.

En cessant donc de proposer des réformes

en aval pour introduire une réforme structurante en amont, autour d'un enseignement de la communication, de l'implication et donc en promouvant des enseignants relationnels. Ceci afin d'engager l'école dans la voie d'une ouverture et d'un mouvement pour une vie en devenir, dont les mutations rapides, même si elles sont insécurisantes pour l'instant, peuvent être aussi très stimulantes.

Enseigner quoi ?
Comment ? À qui ?

Il semble nécessaire de rappeler et d'affirmer que les enseignants sont là effectivement... pour enseigner. Autour de cette affirmation, il m'a paru important d'accrocher trois questions. Enseigner quoi ? Comment ? A qui ?

Enseigner quoi ?

Les enseignants sont là principalement pour transmettre du savoir et du savoir-faire. Mais aussi, et cela s'avère de plus en plus nécessaire, du savoir-être, du savoir-créer, du savoir-devenir, c'est-à-dire les bases d'une socialisation, pour développer une sensibilité citoyenne et favoriser une intégration dans le monde qui est le nôtre. Enseigner aujourd'hui ne peut se résumer à transmettre un savoir codifié ou des connaissances nouvelles, cela suppose aussi d'avoir pour l'enseignant à se confronter à tout un savoir informel des enfants, acquis dans la rue, à la télévision, emmagasiné hors de l'école en prise directe (trop directe parfois) avec le monde des adultes qui les confrontent très tôt à des expériences de vie pour lesquelles ils n'ont aucune préparation. Un savoir anarchique, chaotique qu'il conviendra de réorganiser, de restructurer, de relier au savoir plus formel dont les enseignants sont les détenteurs.

Quant à la communication non violente, il faudrait l'enseigner à l'école comme une matière à part entière dans un cursus qui s'ouvrirait sur les sciences de la vie et les sciences humaines, de façon à apprendre aux enfants comment se développe et se construit un petit d'homme !

Enseigner comment ?

Des générations d'enseignants ont apporté de belles réponses à cette question, des pédagogues hors pair ont ouvert beaucoup de pistes. Les multiples méthodes pédagogiques en témoignent ; elles ont pour vocation d'éveiller, de stimuler, de faire participer en s'appuyant sur les ressources vives de chaque enfant. Il se trouve qu'aujourd'hui la plupart de ces méthodes s'avèrent caduques ou inadaptées aux enfants de ce temps. Peut-être reste-t-il, ici ou là, de nombreux îlots, écoles, collèges ou lycées et certainement beaucoup de classes, qui restent protégés, ouverts et dynamiques. Des endroits où le savoir est proposé, accueilli et reçu sans trop de tensions, d'oppositions ou de violences, mais, nous le savons et il serait vain de se le cacher, les difficultés pour enseigner sont de plus en plus grandes. Il devient de plus en plus difficile de rester un enseignant à vie, même si pour la plupart il s'agit d'une vocation profonde.

Il conviendrait sur le plan du comment :

• de privilégier à la fois la dimension interpersonnelle (qualité de la relation qui permet de laisser circuler le savoir et d'asseoir les ancrages pour une meilleure intégration) et la dimension groupale en s'appuyant sur les ressources du groupe pour favoriser la mise en pratique et les savoir-faire ;

• de renforcer aussi la dimension institutionnelle (cadre protégé avec des codes et des règles précisant mieux les droits et les devoirs de chacun et balisant de façon plus ferme les transgressions).

Enseigner à qui ?

C'est autour de cette question que les enseignants sont actuellement le plus en difficulté. Dire que les enfants aujourd'hui en âge d'être scolarisés ne sont plus ceux de mon époque est une évidence. Mais force est de constater que de nos jours beaucoup d'enfants ne possèdent pas l'équipement relationnel de base, les ancrages suffisants pour leur permettre de vivre en communauté et donc de se confronter aux frustrations inévitables de la vie collective, d'accepter les contraintes minimales exigées par la situation d'apprentissage en commun, d'avoir la capacité d'un minimum de concentration pour se fixer sur la production d'une tâche.

Les enseignants se trouvent parfois en présence d'une nouvelle catégorie, je devrais dire « variété » d'enfants, que j'appelle les enfants du désir. Des enfants qui ont été élevés sans contraintes, par des adultes qu'ils ont du mal à respecter, car ceux-ci sont souvent dans la transgression devant eux, et ne peuvent représenter ni une référence ni une image d'autorité. Des enfants dont le seuil de frustration est tellement bas, que toute rencontre avec la réalité est vécue par eux comme une agression insupportable, à laquelle ils répondent par de la violence.

Ces enfants-là, même s'ils représentent pour l'instant une minorité, induisent par mimétisme les comportements et les conduites de nombreux autres enfants, mais surtout et il faut le dire avec fermeté, ils « parasitent », ils déstabilisent le travail de toute une classe tout au long d'une année scolaire. Ils se confrontent aux adultes dans une relation où ceux-ci sont fréquemment démunis, face à la grossièreté, aux menaces, aux passages à l'acte. Les réponses et les interventions classiques sont inopérantes. Enfants du désir, « tout, tout de suite, sans contrepartie », « enfants Téflon » sur lesquels ni sanctions ni gratifications n'ont de prises, voilà la population nouvelle, imprévisible, insaisissable avec laquelle les enseignants ont et auront à travailler !

Qu'il est difficile aujourd'hui d'enseigner !

Enseigner, transmettre un savoir, favoriser l'intégration de connaissances, participer à l'éveil de l'esprit et l'ouvrir à la rigueur, à la cohérence ou à l'analyse critique a été de tout temps des activités délicates, difficiles et passionnantes !

Il y a toujours une part de créativité, d'imprévisible et de conflictuel dans toute démarche de transmission, d'apprentissage ou de formation. Eduquer relève d'une alchimie mystérieuse nourrie non pas uniquement de savoirs à transmettre, de matières supports, mais de la qualité de la relation, du respect mutuel entre les possibles ou les limites de l'un (celui qui enseigne) et les ressources ou les limites de l'autre (celui qui est enseigné). Il y a tout un jeu complexe, labyrinthique entre donner et recevoir, demander et amplifier, prendre et refuser, accepter et résister.

Aujourd'hui plus qu'autrefois, il semble peut-être plus difficile aux enseignants d'être des adultes cohérents, centrés, suffisamment assurés dans leurs connaissances, confirmés dans leurs pratiques, stables dans leurs attitudes et en même temps ouverts aux mutations qui traversent la société, influent sur la famille et le comportement des enfants.

Difficile surtout d'être un adulte cohérent, quand on est soi-même en interrogation, quand on est l'objet d'une remise en cause quasi permanente par des enfants aux comportements imprévisibles, en mal d'être et porteurs d'attentes et de désirs qui ne trouveront pas de réponses dans le cadre scolaire. Remise en cause par des parents qui s'étonnent que les enseignants ne prennent pas le relais ou échouent là où eux-mêmes sont en difficulté.

Difficile de transmettre un savoir nouveau rigoureux à des sujets qui semblent ne pas en avoir besoin, qui le disqualifient, le rejettent et qui possèdent un savoir informel (masse d'informations et de connaissances anarchiques, non hiérarchisées), capté à l'extérieur de l'école et qui viendra concurrencer, parasiter le savoir formel apporté par les enseignants.

Il y a actuellement un incroyable savoir disponible et accessible aux enfants, sans filtrage, au travers des bandes dessinées, de la télévision, d'Internet, des jeux vidéo. Un savoir hétérogène, diffus, confus, acquis par imprégnation, sans trop de difficultés, en dehors de l'école.

Mais ce savoir est reçu dans le désordre, brouillé par des informations contradictoires. Il ne fait pas l'objet d'une élaboration, d'une critique ou d'une mise en priorité, et donc d'une intégration exploitable au quotidien ou d'une possibilité de le relier aux savoirs apportés par l'enseignant.

Il s'agit d'un savoir sauvage et dispersé, qui entretient des confusions, de l'arbitraire ou des excès. Le savoir de l'enseignant en paraît aux yeux de beaucoup d'enfants d'autant plus fade, dévitalisé, à la fois insuffisant et secondaire, sinon inutile par rapport à leurs centres d'intérêt.

Les blessures cachées des adultes

Par ailleurs, il ne faut jamais oublier, quand on est accompagnant ou enseignant, que tout enfant, quel que soit son âge, est d'une habileté incroyable pour réveiller l'ex-enfant qui est encore dans tout adulte. Si bien que, parfois, nous croyons voir un adulte penché sur un enfant alors qu'il s'agit de deux enfants en présence et que dans certaines situations le plus petit des deux n'est pas celui auquel on pense !

Enseigner dans un cadre stable, dans une atmosphère de réceptivité, est d'autant plus difficile aujourd'hui que les rapports de force se sont considérablement modifiés, au détriment des adultes. Ainsi, il n'est plus possible, pour un enseignant de s'abriter derrière une fonction, un statut, un titre ou même des connaissances et un savoir-faire.

L'expression (qu'il ne faut pas confondre avec la communication) s'est libérée chez les enfants – je pourrais dire : s'est débondée, comme d'un tonneau dont la bonde a lâché. Elle occupe, dans un bruit de fond continuel, tout l'espace de la classe, rendant difficiles les échanges et les partages.

Les enfants et les adolescents d'aujourd'hui se disent et s'expriment sur tout, avec plus ou moins de pertinence, de contrôle ou d'excès et de maladresses.

Ils s'affirment sans retenue, ni censure, ils remettent en cause, détournent les bribes de savoir pour nourrir toute une vie fantasmatique plus proche de leurs désirs que de leurs besoins. Ils agressent les images, les lieux et les représentations du pouvoir, sélectionnent, déforment ou s'anesthésient à volonté, récusent les contraintes ou les simples balises de la civilité et de la vie en commun...

Les enseignants affrontent malgré eux un autre phénomène. Plus masqué, plus diffus, mais extrêmement présent dans leurs relations avec leurs élèves. Ils vont rencontrer dans leur pratique quotidienne ceux que j'appelle les enfants du désir. J'ai déjà évoqué cette génération d'enfants qui, avec le développement de la contraception, ont été désirés, attendus par leurs parents. Je pense à ces nouveaux parents (ou l'entourage immédiat) qui se sont trop souvent laissé aller à répondre, à satisfaire ou à combler les attentes, les demandes, les désirs de leurs enfants, sans mettre trop de limites, sans se positionner par des refus ou des frustrations. Des adultes qui avaient beaucoup de difficultés à dire non, à prendre le risque de les frustrer et donc de s'ouvrir à la possibilité d'un conflit ouvert avec eux. Certains de ces enfants l'expriment de façon lapidaire : « Moi, je n'ai pas demandé à venir au monde, c'est toi qui m'as voulu, alors tu dois faire ce que je te demande, répondre à mes désirs, tu dois faire ce que je veux, tu es là pour ça ! » Il y a, parfois, un véritable asservissement des parents aux désirs les plus fantaisistes ou irréalistes de ces enfants.

Leur seuil de frustration est donc tellement bas que toute rencontre avec la réalité est vécue par eux comme une agression, à laquelle ils répondent par de la violence. Hors le monde de la scolarité, et par la suite de la vie sociale et professionnelle, est un univers qui les confrontera nécessairement à des contraintes, des devoirs, des obligations... au-delà des satisfactions et des gratifications qu'il peut aussi procurer.

Et, ce qui me paraît plus grave, ces enfants, devenus adolescents, vont tenter d'imposer leur perception de la réalité à des adultes qui en doutent ou qui manquent eux-mêmes de repères !

Il y a depuis quelques années comme un retournement des valeurs. Contrairement à ce qui se passait dans les générations qui nous ont précédés, ce sont les enfants qui aujourd'hui définissent les adultes. Faut-il rappeler qu'une des grandes fonctions parentales (aujourd'hui défaillante) c'est de répondre aux besoins des enfants et non à leurs désirs ! Encore faut-il entendre la différence entre besoin et désir !

On retrouvera cette collusion présente au sein du système scolaire, dans lequel les enfants tentent, avec ténacité, d'imposer leurs désirs aux enseignants. Ainsi, dans beaucoup de situations pédagogiques, circulent un pseudo-libéralisme, une fausse compréhension, qui laisse croire qu'enfants et adultes sont sur un pied d'égalité dans la confrontation de leurs besoins, dans la perception d'une réalité que les enfants et adolescents veulent imposer, et qui doit cependant rester différente et être balisée encore par un programme d'études et par un processus clair autour du déroulement et de la mise en œuvre de ce programme.

Il serait souhaitable que les enseignants puissent se positionner plus fermement (ce qui ne veut pas dire brutalement !). « J'ai entendu ton désir de parler du dernier film diffusé hier à la télévision sur France 2, c'est un beau désir, mais je ne suis pas là pour répondre et satisfaire tes désirs ! Je suis là pour répondre à un besoin, qui, même s'il n'est pas reconnu comme tel par toi, est de pouvoir, ce matin par exemple, mieux intégrer les règles du participe passé ! »

Bien sûr, dans un premier temps, il y aura peu d'enfants pour reconnaître qu'une meilleure maîtrise de la grammaire puisse être une réponse à des besoins à venir, celui de pouvoir mieux se situer dans la vie en ayant des moyens plus sûrs d'affronter la communication verbale et écrite dans différentes situations les mettant en cause individuellement, en groupe ou dans la société élargie.

Cette distinction entre besoins et désirs devrait pouvoir être au cœur de toute relation éducative.

La difficulté, pour les adultes, sera de proposer une affirmation claire et ferme face aux désirs de jeunes de plus en plus immatures et qui restent dans l'illusion de la toute-puissance infantile, en refusant de reconnaître les contraintes de la réalité. En ayant été élevés, et cela quel que soit le milieu social et économique, par des parents qui répondaient trop souvent et trop rapidement à la plupart de leurs attentes matérielles, qui satisfaisaient trop vite leurs demandes, le moindre refus est vécu par eux comme injuste, toute confrontation avec la réalité déclenche des frustrations insupportables et entraîne chez eux des réponses asociales. Toute réponse négative, ou différée, devient pour eux inacceptable et déclenche un passage à l'acte verbal, physique ou émotionnel. La violence physique, comme une fuite en avant, pour desserrer l'étau du manque, leur paraît être la réponse à la violence de la privation. C'est là une clé pour comprendre l'origine profonde de la violence actuelle à l'école.

Il me paraît important de rappeler que les grandes fonctions de l'école doivent changer, ce qui supposera des ajustements (et donc une formation, pas seulement du volontarisme ou des obligations) chez les enseignants.

Si nous acceptons que, depuis les débuts de l'école laïque et obligatoire, les matières de base de l'enseignement élémentaire sont : ouvrir à l'expression, apprendre à lire, à écrire et à compter, avec, en plus, le développement implicite de la sociabilité par des activités groupales et une référence à la loi de la classe, incarnée par l'adulte présent, nous avons à imaginer qu'il conviendrait aujourd'hui d'ajouter : apprendre à dialoguer, à échanger et à mettre en commun autour de quelques règles d'hygiène relationnelle non violente.

Il me semble que c'est là le point faible de l'école d'aujourd'hui, et qu'il est à l'origine de beaucoup de malentendus, de violences et d'insécurité qui caractérisent l'univers scolaire des dernières décennies.

Il ne suffit plus aux enseignants de tenter de mieux communiquer avec les élèves, il leur faudra apporter quelque chose de plus : une méthodologie transmissible de la mise en commun.

Oui, il est difficile aujourd'hui d'enseigner, et cela risque de s'aggraver, si on continue à traiter les problèmes de l'école en termes sociologistiques, psychologistes ou économistes. Je crois profondément qu'il sera nécessaire de mettre en place une nouvelle discipline, enseignée comme une matière à part entière : la communication relationnelle.

Protégeons l'école

Protégeons l'école car c'est un des derniers lieux sociaux où l'Etat de droit est encore respecté, même s'il est de plus en plus menacé.

En danger, l'école l'est profondément, dans ses fondements mêmes.

Voici quelques-unes des menaces qui pèsent sur elle :

• L'inadéquation entre ses objectifs (autrefois légitimés par le souci de préparer à une insertion et même de renforcer le processus démocratique d'égalisation des chances sociales et professionnelles) et la réponse actuelle de la société qui ne peut plus promettre à travers la réussite scolaire un avenir plus ouvert, plus libre.

• L'absence de convivialité et l'appauvrissement des relations interpersonnelles. La taille, l'importance des établissements et la difficulté à communiquer de façon conviviale, personnalisée et respectueuse face à des enjeux qui dépassent le cadre scolaire (autoviolence de plus en plus fréquente chez les enfants, et de plus en plus tôt, carences familiales, perte des valeurs ou absence de valeurs de référence).

• Le passage de l'impression à l'expression, avec une inflation de l'expression. Aujourd'hui, en effet, l'expression des sentiments, des ressentis immédiats, des idées (souvent confondues avec des affirmations) et des opinions est, semble-t-il, plus importante que dans le passé, mais elle se fait sur un mode réactionnel, sous forme de passages à l'acte verbaux. Les mots ne sont plus utilisés pour communiquer, mais pour agresser, rejeter, tenir à distance ou même manipuler. La mise en commun fondée sur une communication relationnelle (autour du demander, donner, recevoir et refuser), permettant la confrontation, l'échange, le partage, est en souffrance, souvent inexistante, méconnue.

• Les manifestations de violence. La violence qui s'exprime actuellement, même si elle est rare dans ses manifestations les plus outrancières, est endémique, permanente et présente dans le ressenti de chacun des protagonistes. Dans ses formes et modalités les plus visibles, les plus inquiétantes aussi, c'est un phénomène récent qui tend à se répandre et à se banaliser : viols, meurtres, utilisation d'armes et menaces sont à l'œuvre dans de plus en plus d'établissements.

Un autre phénomène, qui devrait interroger les adultes, parents et enseignants, c'est la tranche d'âge, de 8 à 12 ans qui est touchée par cette violence. Tout se passe comme si l'enfance était en prise directe, trop directe, avec le monde des adultes. Sans filtres, sans passerelles, sans accompagnement, sans balises, sans références à des valeurs témoins.

L'école ouverte d'aujourd'hui affronte un double paradoxe :

• N'étant plus un lieu protégé, l'intrusion d'éléments extérieurs y devient de plus en plus fréquente. Ces intrusions non seulement parasitent la quiétude et la disponibilité nécessaires à des apprentissages et à des intégrations de savoirs, mais déstabilisent le processus de transmission et de partage, insécurisent les enfants et déstabilisent les adultes.

• Etant un lieu d'accueil et de tolérance, l'école reste aussi un lieu de repli, de secours vers lequel se réfugient des enfants scolarisables mais absentéistes, qui viennent se ressourcer, se restaurer quand ils se sentent menacés par l'extérieur.

• Mais la violence la plus pernicieuse peut-être, c'est la tension sociale et interpersonnelle qui règne dans la plupart des établissements, tant au niveau des adultes que des enfants et adolescents. Tension qui prend prétexte du moindre incident pour éclater et se diffuser dans tout un quartier, un village.

Violence à l'école
et école de la violence...

C'est devenu une banalité de le rappeler, il y a aujourd'hui beaucoup de violences à l'école et autour de l'école.

Violences visibles, avec des agressions verbales, physiques, du racket, des passages à l'acte sur les biens et les locaux, et violences moins visibles mais tout aussi oppressantes, qui entretiennent un climat d'insécurité avec des menaces implicites, la pratique de la dépouille, le développement d'une pseudo-communication où les mots ne sont plus utilisés pour mettre en commun, mais pour blesser, disqualifier ou dévaloriser. Il y a, semble-t-il, une augmentation considérable des tensions et des malaises autant chez les enfants que chez les adultes.

L'agressivité des enfants entre eux est très différente de celle vécue dans ma génération. Il ne s'agit plus de jeux, de défis, de confrontations ou d'affrontements balisés et codifiés par des règles et des codes qui structuraient les conflits afin qu'ils ne débouchent pas sur la destruction de l'autre. Les agressions, les batailles avaient un caractère ludique, qui tenait compte des limites du réel et d'un accord implicite avec l'imaginaire, les rôles, les rapports de force entre les uns et les autres. La violence actuelle est associée à des conduites et à des actes brutaux, s'appuyant sur des techniques ou même des armes. Elle me paraît plus imprévisible, avec une emprise sur le réel, un pouvoir de destruction, de malfaisance qui surprend non seulement les protagonistes directs mais aussi les spectateurs.

Il y a aussi la violence d'adolescents et d'enfants de plus en plus jeunes, contre des adultes étonnés, démunis ou indignés.

Agressions verbales, disqualifications de la personne avec un langage d'une créativité (et d'une grossièreté) surprenante. « Tu peux aller niquer ta pute de mère » étant un minimum qui, en quelques années, a déjà perdu beaucoup de sa vigueur. Agressions de type narcissique contre les immeubles (tags), les voitures (pneus crevés, carrosserie rayée, rétroviseurs arrachés), les vitrines... Violences organisées : incendies de collèges, de lieux publics... Agressions physiques contre d'autres enfants (viols collectifs), plus rares, mais d'une violence inouïe.

Et, ce dont on parle moins, l'autoviolence, la violence retournée contre soi : suicide, mutilation, prise de médicaments, et surtout dépendance à la cigarette (fumerie compulsive), à l'alcool, à des drogues. La prise de drogue, dans beaucoup de cas, peut être considérée comme un suicide différé.

Les tatouages, le piercing, sont vus comme des modes, des rituels, des signes de reconnaissance et de ralliement, mais leur pratique (et abus) est aussi une forme d'autoviolence contre un corps trop petit pour la vie qu'il contient, un corps qui éclate, qui veut être vu, qui veut être différencié mais qui se morcelle non sous la pression de contraintes, mais par manque de limites.

Il me paraît nécessaire de souligner combien le monde actuel, celui des adultes, le système social et scolaire peuvent aussi faire violence aux enfants et engranger en eux frustrations, désarrois et réactions défensives-agressives.

En effet, il n'est pas excessif de penser que la culture de consommation qui domine actuellement est porteuse en elle-même d'une violence endémique sur la créativité potentielle des enfants.

Autrefois, quand un enfant voulait quelque chose, il tentait de le fabriquer, de le construire ou participait avec l'aide d'un adulte à sa réalisation ; il contribuait activement à l'aboutissement de son désir. Il semble que, aujourd'hui, la non-différenciation, la collusion entre désir et réalisation soit inscrite très tôt dans l'imaginaire même de l'enfant, qui ne peut ainsi se confronter au principe de réalité et participer à la réalisation proprement dite de ses désirs. Ce qui le renvoie à demander, à exiger et à rester paradoxalement dans la dépendance de ceux qui détiennent la réponse, avec toute l'ambivalence que cela suppose :

« *Je veux un nouveau jeu, tu dois me l'acheter.* »

« *J'ai envie d'avoir un chien, j'attends que tu me le donnes.* »

« *Mes copains ont un nouveau skate et des Nike plus récents, donc...* »

« *Je veux aller au cinéma, je n'ai pas assez d'argent de poche...* »

Le plus terrible des systèmes antirelationnels : le système S. A. P. P. E.

Par ailleurs, le système relationnel fondé majoritairement autour de demandes/exigences et réponses/satisfactions, qui est implicitement proposé aux enfants, ne favorise ni l'autonomie ni le sens critique ou la capacité de donner du sens pour aller au-delà du monde des apparences qui les entoure, qui les cerne et conditionne l'essentiel de leurs rapports à la réalité. Je crois, pour ma part, que la plus grande des violences qui leur est faite, tant dans la famille qu'à l'école, réside dans la pratique, quasi généralisée, de ce que j'appelle pour l'identifier le système S.A.P.P.E. (S comme Sourd, A comme Aveugle, P comme Pernicieux, P comme Pervers et E comme Energétivore).

Ce système relationnel dominant, quasi universel, est reconnaissable à cinq pratiques que je vais décrire, dans lesquelles chaque adulte peut se reconnaître, à la fois comme partie prenante et victime.

Comme victime, parce que nous avons été élevés, pour la plupart d'entre nous, dans ce système par nos parents et nos maîtres, partie prenante parce que nous le reproduisons, nous le pérennisons avec une bonne foi catastrophique, une sincérité jamais mise en défaut et une bonne volonté effroyable.

C'est la prédominance de ce système dans nos relations qui est à l'origine de la plupart des violences que nous retrouverons plus tard dans l'existence de certains. Il me paraît important de présenter les cinq pratiques les plus courantes du système S.A.P.P.E., pour éviter de les entretenir.

1. L'injonction : Nous parlons sur l'autre au lieu de parler à l'autre. Nous le définissons, nous entretenons dépendance et non-confiance en lui, en lui disant ce qu'il doit penser, sentir, faire, ne pas faire, ou ne pas dire. Celui qui est ainsi défini aura du mal à s'affirmer autrement que réactionnellement, à se positionner autrement que dans l'affronte-ment, à se construire en faisant confiance à ses ressources. L'injonction débouche sur des jugements de valeur et entretient un symp-tôme plus grave : la déresponsabilisation.

2. La menace et le chantage : Nous ten-tons d'influencer, de modifier ou de forcer le point de vue de l'autre en faisant différentes pressions sur lui, en brandissant des anathè-mes, en énonçant des prophéties alarmantes ou disqualifiantes, en projetant sur lui des anticipations négatives. Nous entretenons à travers cela une confusion grave entre senti-ments et relation. « *Si tu m'aimais, tu pense-*

rais à ne pas me faire de la peine en ayant de meilleurs résultats scolaires. » « *Si tu tenais à moi, tu ferais un effort pour être plus gentil avec ton père... »*

Le fait d'utiliser l'expression « j'aimerais que » associée à une demande laisse croire à l'enfant qu'il sera plus aimé s'il s'exécute ou s'il entre dans nos désirs.

On pratique avec lui, sans en être suffisamment conscient, une espèce de troc affectif, qui lui laisse croire que les sentiments s'achètent par une bonne conduite, que nos sentiments sont dépendants de son comportement.

3. La culpabilisation : C'est un ensemble d'attitudes à base de plainte, de victimisation, de messages ambivalents qui vont laisser croire à l'enfant qu'il est responsable de nos ressentis, de nos émotions, ou de notre bien-être ou mal-être. « *Regarde comme je suis malheureuse, quand je pense à ce que tu as fait... »* « *Si ton père nous a quittés, c'est à cause de toi, il ne supportait plus ta conduite... »*

4. La disqualification et la comparaison : Qui consistent, d'une part, à ne voir que ce qui ne va pas, à pointer les manques, ou les insuffisances et, d'autre part, à mettre en avant un

autre modèle proche présenté sans défaut qui servira de référence, de préférence inaccessible. « *Tu n'as aucune volonté, comment veux-tu réussir, tu finiras clochard.* » « *Regarde ta sœur, on n'a pas besoin de lui demander dix fois de faire sa toilette, elle n'attend pas lundi matin pour préparer son sac d'école au dernier moment.* » « *Et le fils des voisins, tu as vu comme il obéit à ses parents, il ne cherche pas à rendre sa mère folle, lui !* »

5. Le maintien des rapports dominants/ dominés : L'ensemble du système S.A.P.P.E., à base d'injonctions, de dévalorisations, de chantages, de menaces ou de culpabilisations, vise à susciter des relations d'affrontement, fondées sur la soumission ou l'opposition, et à maintenir ainsi des relations conflictuelles. En tentant de garder un pouvoir d'influence sur l'autre, je fais l'économie d'une remise en cause personnelle. En parlant sur lui, en le définissant, en le culpabilisant de ne pas être comme il devrait être, ou en le menaçant, je n'ai pas besoin de m'interroger sur mes conduites, j'évite d'écouter et d'entendre ce qui est touché chez moi par l'autre, je n'affronte pas mes propres interrogations. Et je garde ainsi, en restant dans la position

haute, une quiétude aveugle et triomphante sur mes propres comportements, sans avoir à les remettre en cause. Et celui qui accepte de se laisser définir reste dans l'illusion que l'autre sait mieux pour lui ce qui est bon pour lui.

Il me paraît important de le rappeler, je crois que nous sommes, comme adultes, parents, enseignants, des experts en système S.A.P.P.E. et que nous exerçons, avec beaucoup de sincérité, de nombreuses « violences invisibles » à partir de ce système... dans la plus parfaite inconscience.

Prendre le risque de changer nos habitudes relationnelles

Tout cela nous invitera à tenter de dépasser quelques-unes des habitudes relationnelles qui ne favorisent en rien la relation enseignants/enseignés.

Dans la vie scolaire, il y a quelques pratiques habituelles, considérées comme évidentes, naturelles ou spontanées qui ne font l'objet, chez beaucoup d'enseignants, d'aucune remise en cause et qui cependant contribuent à la violence endémique exercée sur les enfants. Je

voudrais rappeler quelques-unes de ces modalités :

• **La difficulté pour chacun de gérer ses
propres besoins.** Quand un enseignant se
définit comme porteur de savoirs et de savoir-
faire et qu'il s'offre de les partager généreuse-
ment, au cours d'un ou plusieurs semestres, il
pense alors qu'il est en droit de réclamer
silence, attention, disponibilité et participation de la part des élèves. Nous pourrions dire
que son besoin d'avoir la paix pour pouvoir
mieux transmettre ses connaissances néces-
site d'être satisfait par une réponse adaptée
des élèves, en conformité avec ses attentes.

En face de lui cependant, mille autres
attentes potentielles sont en concurrence avec
son besoin de silence, de disponibilité, d'attention, de collaboration active... Il y a chez les
élèves d'autres besoins, tels ceux de bouger, de
parler, de rêver, d'associer librement, de jouer,
de s'évader... qui circulent silencieusement ou
tumultueusement dans la salle de classe.

Le dépassement de cette concurrence des
besoins ne peut plus se faire, comme autrefois, à partir de l'arbitraire d'une seule position, celle du professeur. Aujourd'hui l'enjeu
implicite de toute relation pédagogique sera

de savoir comment faire cohabiter l'ensemble de ces besoins, sans les nier ou les rejeter, sans les laisser envahir tout l'espace d'un cours. Comment il sera possible de négocier leur confrontation, par une mise en mots, par un partage, une analyse de la dynamique relationnelle qui va circuler tout au long d'une année, entre un enseignant et ses élèves.

Toute relation pédagogique, en ce sens, est fondamentalement une relation de conflits de besoins. Ces conflits, qui la plupart du temps dans les structures scolaires classiques ont tendance à être niés (les élèves étant conduits à s'ajuster aux attentes du professeur), devront à l'avenir être pris en compte et devenir un support à une relation pédagogique fondée sur plus de réciprocité...

L'institution scolaire jusqu'à récemment, par ses structures, par ses cloisonnements, développait un ensemble de règles qui visaient à imposer globalement un ajustement du comportement des enfants aux « besoins » considérés comme prioritaires de l'enseignant. Celui-ci, gardant l'illusion que les besoins des enfants devraient être satisfaits ailleurs, dans un autre espace, un autre temps ou dans d'autres activités.

Aujourd'hui, non seulement les enfants

témoignent plus ouvertement en classe de leurs besoins, mais encore ils les imposent sans souci du lieu, du temps ou même des possibles de la réalité scolaire, avec une prise de pouvoir sur la parole et la présence du professeur le plus souvent chaotique. Prises de parole, ou agitations qu'il serait naïf de confondre avec une liberté d'expression.

• **La prédominance du système question-réponse dans la plupart des relations pédagogiques.** Dans ce système structuré par de solides habitudes, celui qui pose une question attend une réponse qui aille dans le sens de ses attentes, de ce qu'il sait, de ce qu'il veut. Ce qui fait que beaucoup de demandes faites par des adultes sont vécues par beaucoup d'enfants comme des exigences déguisées.

Quand un enseignant pose une question, il attend que l'élève donne la bonne réponse, celle du livre, ou du savoir « officiel » qu'il possède, lui, et dont il veut vérifier l'acquisition ou l'assimilation chez l'enfant. L'évaluation de l'élève se fera sur l'adéquation de la réponse à la question.

Certains pédagogues, cependant, savent l'importance d'accueillir et de s'appuyer sur la réponse de l'enfant aussi éloignée soit-elle de la réponse attendue, ou des connaissances à acquérir, pour permettre à l'élève de la relier à ses connaissances et d'intégrer un savoir nouveau, qui devra se différencier des acquis antérieurs.

Le dépassement d'un système de type « question-réponse », trop fermé, quand il est remplacé par une invitation à partager, échanger, témoigner va renforcer la communication relationnelle qui est à la base d'une participation plus ouverte de tous les membres d'une classe.

- **La persistance des rapports de dévalorisation.** Nous voyons plus facilement dans le comportement des enfants ce qui nous blesse, nous dérange, ou nous irrite plutôt que le positif de leur conduite ou l'aspect novateur de leur comportement.

Dans ma propre scolarité, j'aurais souhaité rencontrer un enseignant qui puisse me confirmer que dans une dictée de quatre-vingts mots, j'en avais écrit soixante-quinze justes ! La confiance en soi se construit sur la confirmation des ressources et des réussites, et non sur la mise en évidence des manques et des insuffisances, sur la dévalorisation trop fréquente de l'image de soi. La persistance de rapports de dévalorisation constitue certainement une des violences endémiques parmi les plus fréquentes du système scolaire, une des plus tenaces et des plus permanentes. Ce qui laissera des traces durables dans la relation au monde d'un enfant.

• **Le refus ou l'absence d'implication personnelle.** Arrêter de parler sur l'autre, pour accepter de parler à l'autre, supposerait de prendre le risque d'apprendre à parler de soi, de pouvoir dire son ressenti, sa perception, ou sa position, et donc de se signifier, de se définir devant les élèves, plutôt que de les définir. Cela permet de faire sentir à chacun des protagonistes d'un échange qu'il y a vraiment quelqu'un à chaque bout de la relation.

Au lieu d'accuser un enfant de n'avoir pas fait, il serait plus important de dire sa déception ou de confirmer son attente, de renouveler sa demande, de confirmer sa position, pour solliciter, remobiliser, bousculer la passivité, le refus ou le blocage dans lequel un élève peut s'enfermer.

Quand nous parlons sur l'autre, quand nous le définissons, nous n'existons pas comme une personne de référence pour lui et ce dernier, enfermé dans notre discours, n'a pas non plus

le sentiment d'exister, d'être reconnu pour ce qu'il est.

• **Le recours à la violence verbale ou physique pour tenter de sortir de son impuissance, d'avoir raison ou de dépasser un conflit.** Il y a, me semble-t-il, à la suite d'une saturation, d'un désarroi, ou d'un sentiment d'impuissance chez certains adultes, un recours à la violence, ou à des sévices sur les enfants, dans quelques établissements scolaires. Sévices moraux, par des disqualifications verbales, qui réveillent des blessures narcissiques. Il y a, plus ou moins consciemment, des conduites suscitant des humiliations, des jugements de valeur et parfois des sévices physiques par des coups, des punitions corporelles qui, même si elles sont modérées ou minimes, blessent les élèves et entretiennent des rumeurs sur tel ou tel enseignant ou établissement.

Il faut se rappeler que les blessures de l'enfance les plus profondes, celles qui vont s'inscrire dans la dynamique intime, et structurer par la suite la relation au monde d'un enfant, naissent de sentiments liés à la rencontre de l'humiliation, de l'injustice, de l'impuissance et de la disqualification.

Le milieu scolaire est fertile en situations où l'injustice (plus par aveuglement et laxisme que par volonté délibérée), les humiliations (petites et plus grandes), ou encore le renvoi de l'enfant à ses insuffisances vont dominer.

Il y a dans les établissements scolaires peu de lieux où l'expression, la médiation possible des situations conflictuelles, qui vont inévitablement surgir, peuvent se clarifier et se dépasser sans trop de souffrances. Les infirmières scolaires, les conseillers d'éducation, par leur écoute, sont recherchés, certains professeurs qui, par leur sensibilité plus ouverte, sont vécus comme plus disponibles et sont demandés pour intervenir la plupart du temps en situation de crise ou d'incidents majeurs. Il y a, dans l'école d'aujourd'hui, peu de temps et d'espace de régulation où se rencontrent les trois niveaux interdépendants de toute situation relationnelle : la dimension fonctionnelle (transmission et acquisition de savoirs et de savoir-faire), la dimension interpersonnelle (apprendre à demander, donner, recevoir et refuser), la dimension intrapersonnelle (savoir-créer, savoir-être et savoir-devenir).

Des formations à la médiation, au tutorat, au coconseil sont à encourager, car elles constituent des outils extrêmement fiables pour régu-

lariser, dépasser ou désamorcer les tensions, malentendus et violences qui circulent entre tous les protagonistes du système scolaire.

Je n'ai fait qu'effleurer quelques-unes des violences possibles autour de la cohabitation scolaire. Vont venir s'ajouter les pollutions et les intrusions du monde extérieur : drogues, passages à l'acte venant des adultes ou des « copains du quartier ». L'école n'étant plus un sanctuaire protégé, il y a parfois une irruption de cette violence extérieure directement dans les locaux ou les activités scolaires.

Les dysfonctionnements familiaux, la perte des repères et des valeurs morales ou sociales, le vide relationnel, la désertification des échanges dans certains quartiers, le climat d'insécurité, le désespoir face à un avenir qui paraît bouché à beaucoup, tout cela contribue à fragiliser ce temps de l'enfance et l'entrée dans la vie de beaucoup d'enfants.

Peut-être qu'un jour un enseignement de la communication relationnelle non violente, considéré comme une matière à part entière, dénouera des blocages, ouvrira des portes à moins de détresse pour les élèves comme pour les enseignants.

C'est l'utopie que je porte en moi depuis des années !

Quelques interrogations
sur les sources banales
de la violence

Le décalage, trop grand, entre les attentes des enfants ou des adolescents et les réponses de l'entourage (parents, enseignants ou adultes proches) entraîne, nous l'avons vu souvent, chez les premiers, déceptions, frustrations et ressentiments, contre celui ou celle qui n'apporte pas la réponse attendue. Ainsi, l'environnement immédiat, le monde des adultes, seront-ils perçus, par certains enfants, comme non accueillants, mauvais, et seront donc rejetés, voire combattus.

Aujourd'hui, le seuil de frustration de beaucoup d'enfants et d'adolescents est très fragilisé, résistant mal à des contraintes banales, à des exigences de la vie de tous les jours ou aux simples limites posées par la société à l'école ou par le seul fait de marcher dans la rue, d'entrer dans un magasin. Et tous ceux qui attendent satisfaction immédiate, réponses positives à toutes leurs demandes, sans avoir jamais appris, semble-t-il, à gérer des refus, des temporisations, des réponses différées, et donc à se confronter au principe de réalité, sont plongés dans un état quasi permanent de révolte, de revendication ou de transgression.

Vont dominer dans les relations avec les jeunes adolescents des oppositions, des transgressions de plus en plus nombreuses aux limites posées, aux règles les plus élémentaires de la vie en commun, comme si le fait de s'opposer, de transgresser, de brutaliser l'environnement était devenu une valeur recherchée par beaucoup d'enfants – je dis : enfants, car ce phénomène se manifeste chez des enfants de plus en plus jeunes.

Nous n'apprenons plus (ou pas assez) aux enfants que la réalité n'est pas au service de leurs désirs ou de leurs fantasmes de toute-puissance, mais qu'elle est aussi une construction permanente entre des possibles (ceux de leurs ressources et potentialités) et des impossibles (ceux de leurs limites ou des contraintes environnantes).

L'origine principale de la violence à l'école, dans les quartiers ou dans les familles, se trouve, comme je l'ai souligné à plusieurs reprises, dans ce décalage parfois brutal et violent entre ceux qui ont des attentes semblables à des exigences et des réponses qui les confrontent à des limites ou à des interdits entendus non plus comme des refus ou comme des balises, mais comme des rejets et donc vécus comme des violences insupportables, inacceptables.

Dans l'histoire de la famille, l'arrivée de la pilule et l'accès à des moyens contraceptifs favorisant le contrôle des naissances ont eu des effets secondaires plus ou moins pervers. Les deux dernières générations d'enfants ont souvent été conçues par des couples qui ont eu le choix de mettre au monde, ou de ne pas mettre au monde, un enfant... Nous les appelons pour plusieurs raisons les « enfants du désir ». Avec les progrès d'une contraception plus ou moins généralisée, la plupart des enfants d'aujourd'hui sont désirés, attendus, et en quelque sorte programmés. Hormis quelques erreurs ou imprévisibles pieds-de-nez de l'inconscient, la plupart des enfants viennent au monde à partir d'un choix fondé sur la rencontre de deux désirs.

Cette dynamique du désir, par la suite, aura des conséquences dans deux directions qui peuvent sembler paradoxales :

• Un retour de la violence des parents sur les enfants. Il y a depuis quelques années une remontée, une sorte d'explosion, d'exigences

MON FILS A LE MÊME GOÛT QUE MOI POUR LA COMMUNICATION... IL IRA DONC DANS UNE ÉCOLE DE MANAGEMENT, COMME MOI !

et des abus de toutes sortes sur les enfants, dont, malgré les apparences, les mass media se font l'écho pour une petite part seulement ! Il serait possible d'entendre ce discours implicite :

« Je me suis battu pour l'avoir cet enfant, alors il doit être comme je le veux ! »

« C'est mon fils, il doit faire tout ce que je lui dis ! »

« C'est moi qui l'ai voulu, alors il doit se plier à mes désirs ! »

Ou encore :

« De toute façon il n'arrête pas de me décevoir, alors j'ai renoncé, je le laisse se débrouiller, il vit comme il veut, il verra bien plus tard. »

« Je l'ai désiré c'est vrai, mais ce qu'il est devenu ne correspondant pas à mon désir, alors je tape sur ma déception... »

En les frappant ou en les contraignant, certains parents colmatent (mal) leurs désillusions !

Au-delà du terrorrisme relationnel latent

Bien sûr, cela n'est pas énoncé aussi clairement. Il ne faut pas oublier aussi, à l'arrière-plan, un inconscient collectif issu d'une culture féodale, où les parents avaient, il y a encore à peine deux cents ans, un pouvoir de vie ou de mort sur leurs enfants. Survivance qui se traduit par une phrase souvent entendue : « *C'est mon enfant, j'ai le droit de tout faire avec lui* », et « *J'ai le droit de l'élever (ou de le rejeter) comme je veux et personne ne peut m'obliger à faire autrement !* »

• Une violence des enfants sur la famille, l'école et la société. Quand l'enfant a été très désiré, très attendu, tout se passera comme si les parents n'osaient plus refuser, frustrer, faire de la peine, en ne répondant pas positivement aux demandes du petit ange ou de la petite fée qu'ils ont tellement voulu et à qui, dans leur imaginaire, ils doivent tout donner.

Ils se sentent souvent mauvais parents à l'idée de déclencher de l'insatisfaction, des pleurs ou des colères chez leurs enfants. Certains l'expriment d'ailleurs sans ambiguïté : « *Moi, je n'ai pas demandé à venir au monde, c'est vous qui m'avez voulu, alors vous me devez tout !* »

Ce phénomène est déjà remarquable dès la maternelle.

Quand un tout petit enfant émet un désir, et attend une réponse immédiate à ce désir, il vit dans le monde magique d'une satisfaction gratifiante immédiate et globale. Et, plus tard, si l'enfant n'a pas devant lui un adulte consistant, cohérent et ferme, qui saura dire non, qui saura le confronter à des refus ou à des frustrations, qui ne confondra pas ses besoins et ses désirs, s'il a devant lui un adulte caméléon, il tentera de le dominer et de le mettre au service de ses désirs.

Tout enfant doit pouvoir rencontrer et se mesurer à des parents, à des adultes qui peuvent l'aider à se relier à une réalité, à des règles, à des lois et donc à des contraintes.

Il doit pouvoir se confronter à des adultes qui serviront de pont, de passerelle, dans sa rencontre avec le monde, mais aussi de filtre face aux exigences de la vie en commun.

Il pourra se frotter à des adultes qui le délogeront de cette dynamique du tout ou rien qui débouche trop souvent sur des passages à l'acte.

Il aura à côtoyer des enseignants qui seront formés pour l'ouvrir, l'initier à un apprentissage de la socialisation, à une médiation par l'effort, pour obtenir des satisfactions et des gratifications. Des professeurs qui lui proposeront des apprentissages, des stimulations par la recherche de solutions des supports

pour relayer leur créativité afin d'accepter des insatisfactions liées à des réponses négatives ou différées et des moyens pour accéder à d'autres réponses plus ou moins gratifiantes et bienveillantes apportées par l'entourage.

Quand ces propositions relationnelles sont oubliées, absentes ou simplement défaillantes, le prix à payer s'élève aussitôt avec des conséquences douloureuses. Devant le refus ou la non-réponse, l'enfant, et surtout l'adolescent, entre en conflit, explose dans des colères brutales, casse, brutalise et menace même l'environnement proche, qu'il tente de soumettre à son propre désir.

Les adultes sont actuellement déroutés, impuissants ou paniqués devant des manifestations de violence et d'autoviolence qu'ils redoutent et veulent parfois minimiser ou nier. En oubliant que si les apprentissages de base n'ont pas été introduits, telles des fondations insuffisantes, l'édifice de la socialisation et de la citoyenneté se craquelle, implose ou explose.

Le terrorisme relationnel auquel nous assistons, avec des passages à l'acte de plus en plus fréquents, dominé par l'impérialisme, ou la tyrannie du principe de plaisir, entraîne des conflits sans fin et surtout des violences brutales, imprévisibles et parfois irréparables. Les adultes (parents, proches ou enseignants) se sentent de plus en plus démunis. On leur a souvent suggéré d'essayer de comprendre, de tempérer, de ne pas trop exiger pour ne pas frustrer, pour ne pas blesser, pour ne pas ouvrir ou déclencher un conflit, ou encore réveiller des perturbations, des traumatismes, pour ne pas induire plus tard des comportements asociaux... Un psychologisme un peu facile, une pseudo-compréhension trop laxiste, des recettes éducatives, des manuels de « savoir-être parents en douze leçons », pour mieux comprendre, pour mieux aimer, pour mieux communiquer, pour mieux élever vos enfants... ne sont plus suffisants pour aider les uns et les autres à simplement vivre ensemble et sont la porte ouverte sur toutes les dérives.

À l'inverse de tout ce qui avait été anticipé (dans les années 50) et qui s'appuyait sur le respect des droits de l'enfant (en oubliant quels étaient aussi leurs devoirs), la non-communication s'installe, durable, opaque, sans issue pour beaucoup d'enseignants, de parents et... d'enfants. Ce qu'il faut entendre surtout, c'est que devant un non-positionnement clair, devant une pseudo-compréhension qui ressemble beaucoup à du laisser-faire, l'enfant s'angoisse, n'a plus de repères ou de valeurs de référence. Car laisser croire à un enfant, ou à un adolescent, à la toute-puissance de son désir, c'est ouvrir des chemins à une folie relationnelle et sociale. C'est lui laisser croire que le monde est à son service, et qu'il lui suffira plus tard d'exiger, de menacer, de violenter pour obtenir satisfaction.

Le phénomène de la dépouille et du racket qui se développe chez des enfants de plus en plus jeunes relève aussi de cette impossibilité pour beaucoup d'enfants à se confronter aux limites d'une réalité qui sera nécessairement frustrante... « *Si tu ne me donnes pas tes Nike, je te fais une grosse tête* », « *On t'attendra à la sortie, ce sera ta fête, si tu ne me files pas cinq euros !* »

Il est important de redire, voire d'apprendre, aux adultes, qu'ils sont là pour répondre aux besoins des enfants (et cela jusqu'à un certain âge seulement !), mais qu'ils ne sont pas là pour répondre à leurs désirs.

Une relation d'élevage – au sens le plus noble du terme : élever un enfant pour lui permettre d'affronter la vie avec une autonomie satisfaisante et des ressources propres suffisantes – n'est pas de satisfaire ou de répondre à leurs désirs, mais de les inviter à se donner les moyens d'y accéder, quand ceux-ci sont recevables et viables.

De leur faire découvrir aussi qu'il y a des désirs acceptables et d'autres qui ne le sont pas. Et que certains désirs peuvent aussi rester à l'état de désir, que cela suscite des rêves, des sublimations, appelle l'espérance et ouvre à la créativité et au dépassement de soi.

La socialisation d'un enfant, et du futur adulte qu'il sera, passe par quelques-unes de ces contraintes, et de positionnements de vie plus fermes de la part des adultes. L'ensemble relève d'un enseignement des relations humaines qui se construit autour de quelques balises : apprendre à demander, donner, recevoir ou refuser. Enseignement et apprentissage à envisager dans le cursus scolaire comme une matière à part entière.

Les enfants aussi
veulent apprendre
à communiquer autrement !

Depuis plusieurs années, depuis en fait la parution de *T'es toi quand tu parles* et *Heureux qui communique*, je reçois des lettres d'enfants entre 8 et 11 ans et de nombreuses lettres d'adolescents de 12 à 17 ans. Courrier dans lequel reviennent régulièrement ces quelques questions :

• Comment peut-on apprendre à mieux communiquer avec nos parents ?
• Comment pouvons-nous les aider à mieux communiquer avec nous ?
• Comment leur apprendre à mieux nous comprendre ?

Ces trois sortes de questions révèlent qu'il y a un changement incroyable dans la communication enfants-adultes. Il y a chez les enfants une prise de conscience que la communication peut s'apprendre et qu'ils peuvent devenir partie prenante dans cet apprentissage.

• La première question indique bien chez eux le souci et le désir de se responsabiliser : « *J'ai envie d'apprendre à mieux communiquer avec mes parents...* »

Certains enfants sont manifestement animés du désir de sortir ainsi d'une sorte de passivité, d'un chemin tout tracé, d'un inéluctable où tout semblerait joué à l'avance.

Nous assistons ainsi à la naissance d'échanges nouveaux où les enfants ne se laissent plus définir ou enfermer dans le rôle de « celui qui ne sait pas, face à un adulte qui est censé savoir ».

Les enfants ont découvert que les adultes que sont leurs parents et leurs enseignants sont aussi démunis qu'eux et que le seul fait de devenir parents ne donne pas, de facto, un savoir nouveau, pas plus que celui d'être enseignant ne donne un quitus pour créer des relations vivantes dans une classe !

• La seconde question révèle le désir d'une mobilisation profonde pour tenter de sortir du silence, des non-dits, des « communications en conserve » à base de réponses stéréotypées. Un besoin de décloisonner le monde des adultes et l'univers des enfants, pour faire cohabiter des systèmes de valeurs parfois antagonistes, pour faire se rejoindre des êtres proches qui sont trop souvent dans une incompréhension mutuelle.

Par cette question, les enfants expriment leur souhait de « faire quelque chose ». Certains se sentent investis d'une mission, celle d'oser interpeller, de prendre le risque d'inviter leurs parents à découvrir que la commu-

nication s'apprend et qu'ils peuvent entrer dans cet apprentissage ensemble et non séparément.

Certains enfants m'écrivent en tentant d'analyser à leur façon ce qui se passe :

« *Ça n'existait pas de leur temps, on ne leur a pas appris à parler d'eux, ils n'avaient pas le droit de parler pendant les repas, ou de dire ce qu'ils ressentaient vraiment, alors aujour-*

d'hui ils ne savent pas, et nous, les enfants, nous parlons plus qu'eux, alors ils sont perdus... »

« *Avec les parents qu'ils ont eus, ils ne pouvaient pas apprendre à communiquer durant leur propre enfance, nous pouvons les aider... Tout ce que nous savons aujourd'hui avec la télé, les parents de papa ne savaient pas, eux... »*

Les enfants sentent bien qu'ils possèdent des clés et des moyens dont leurs parents ne disposent pas. Ils ont des ressources pour inviter leurs parents à sortir d'une relation de soins (la seule que les parents proposent généralement) et leur permettre de développer des relations d'échanges et de partages (celles dont eux ont besoin en tant qu'enfants).

Les enfants sentent bien qu'avec les adultes les seules relations possibles sont des relations d'acceptation ou d'adhésion (le plus souvent par la soumission) ou d'altercations et de conflits (en termes d'opposition ou de fuite).

Ils souhaitent, au plus profond d'eux-mêmes, pouvoir établir des relations de confrontation permettant à leur différence d'être reconnue et même valorisée.

Ils se sentent détenteurs de beaucoup de savoirs, car ils ont accès par la télévision et les ordinateurs à des connaissances multiples, variées mais qui risquent de rester dispersées, chaotiques, sans priorité évidente ni liens avec leur vécu quotidien.

Ils ont du mal à se relier à ce savoir et ils attendent des adultes qu'ils les aident à l'intégrer dans leur vie quotidienne. Une véritable révolution est déjà amorcée chez certains enseignants, qui sentent qu'ils ne peuvent plus rester des « fournisseurs » ou des simples « transmetteurs de savoir », et qu'ils devront dans un avenir proche être des médiateurs relationnels pour permettre aux enfants de faire quelque chose avec tout le savoir auquel ils ont accès afin de pouvoir devenir des agents de changement. Pour aider ces futurs adultes, non seulement à une prise de pouvoir sur le monde qui les entoure, mais aussi à se relier à ce monde, à apprendre à vivre à l'échelle planétaire, à être des sujets dans le mouvement de l'univers.

• La troisième question touche à des enjeux plus complexes, à savoir le besoin de compréhension, de réciprocité et d'acceptation mutuelles que réclament les enfants.

Le besoin de compréhension passe chez les uns, et les autres, par des mutations importantes.

– Quand les parents, qui se sentaient obligés de produire, et de fournir des soins, acceptent que leurs enfants aient besoin d'échanges.

– Quand les enfants découvrent qu'être compris ne signifie pas être d'accord, et devoir répondre toujours positivement à leurs demandes, ou encore satisfaire toutes leurs attentes.

Cette recherche de compréhension mutuelle obéit à deux dynamiques qui conduisent parfois à des impasses.

Pour un dépassement
de nos contradictions

• Chez l'adulte : Vouloir comprendre à tout prix ses enfants, vouloir expliquer et trouver une raison logique ou une cause rationnelle à leurs comportements, à leurs attitudes, est devenu un souci prioritaire pour beaucoup. La « pathologie parentale » la plus répandue réside dans l'excès, dans ce besoin forcené de vouloir « comprendre » intellectuellement l'enfant et par là même contrôler son devenir.

Il existe aujourd'hui le risque non négligeable d'une « psychologisation » excessive des relations parents-enfants qui empêche de communiquer véritablement, c'est-à-dire de mettre en commun. Car il s'agit bien de mettre des points de vue différents en commun, et non d'avoir un point de vue commun.

Il m'arrive fréquemment de dire aux parents : « Il ne vous appartient pas d'analyser, de "psychologiser" et même de "thérapeutiser" vos enfants, il vous revient de vivre des relations vivantes avec eux. Vivantes, c'est-à-dire tout simplement satisfaisantes pour vous et éventuellement pour eux. »

Vouloir comprendre le pourquoi, la raison de la conduite des enfants est un piège redoutable puisque cette tendance conduit à se centrer sur la difficulté et non sur la personne. Les comportements des enfants recouvrent des enjeux multiples, qu'il s'agit d'entendre comme des langages certes maladroits, irritants ou simplement incompréhensibles, mais toujours métaphoriques. Par des « langages symboliques à contenu réaliste » (comportements atypiques), un enfant tente de se dire ou de ne pas se dire, de montrer et de cacher. Les difficultés s'amplifient quand ces langages sont vécus par les adultes comme des agressions.

Par exemple : le refus ou l'opposition d'un enfant, d'un adolescent est parfois entendu par un adulte comme un rejet de sa personne.

C'est alors la bonne image qu'il a de lui-même qui est atteinte et blessée. Et quand l'adulte ramène trop à lui-même les conduites et les comportements de l'enfant, cette appropriation ne lui permet pas de se différencier suffisamment.

La collusion des ressentis et des sentiments est un obstacle majeur et fréquent à la croissance mutuelle des enfants et des adultes. Toute démarche d'apprentissage de la communication reposera sur la différenciation, sur la prise de conscience de l'unicité de chaque être et la reconnaissance de vécus, donc de ressentis différents.

• Chez l'enfant : Nous le savons, pour l'enfant, « Comprends-moi maman ou papa » veut souvent dire « Sois d'accord avec moi, accepte ma demande sans discuter, satisfais-moi sans contrepartie ».

Le besoin d'approbation est tellement fort et impérieux qu'il annule bien souvent ou relègue au second plan le besoin d'affirmation ou de différenciation, qui est pourtant nécessaire à toute croissance.

Ce qu'il faut également savoir dans les relations avec les adolescents, c'est que le rapport de force qui a marqué une grande partie de leur enfance (ils étaient dans la position basse, celle qui reçoit ou subit l'influence) se modifie. Ce rapport de force vis-à-vis des parents parfois même s'inverse. Ce sont eux qui imposent leur influence à leurs géniteurs !

Ce sera alors une découverte douloureuse pour les parents qui, pendant des années, ont imposé leur point de vue, ont formulé des demandes à base d'exigences ou de contraintes. Il leur est difficile de changer de dynamique relationnelle et d'oser, par exemple, des invitations, des propositions ou de simples suggestions qui risquent toutefois de continuer à être entendues par les adolescents comme des tentatives de contrôle.

Les malentendus s'accélèrent et les parents sont tentés :

– soit de laisser faire : « *Je ne peux rien lui dire, il ne m'écoute plus, il n'en fait qu'à sa tête, il a toujours raison* » ;

– soit d'amplifier des rigidités, des positions réactionnelles qui vont confirmer le prétendu fossé des générations mais surtout augmenter les conflits, les malaises, la souffrance des uns et des autres.

C'est au moment de l'adolescence que se manifeste le plus la nécessité d'une différenciation, d'un positionnement ferme à base de témoignages de la part des parents :

« *Oui, j'ai un point de vue différent du tien.* »

« *Je ne souhaite pas collaborer à ce projet que je ne sens pas bon pour toi.* »

« *Je ne veux pas entretenir une compétition dans laquelle je ne me reconnais pas car je n'ai pas le même système de valeurs que toi.* »

Ainsi parents et enfants découvrent ou pressentent qu'ils sont embarqués sur la même galère, celle de l'incommunication. Ils ne possèdent ni les uns ni les autres la recette magique pour arranger les choses, pour partager sans se contraindre, pour pouvoir vivre ensemble et s'aimer sans souffrir.

Enfants et adultes constatent souvent à leurs dépens que les sentiments ne suffisent pas, qu'il ne suffit pas de s'aimer pour se comprendre et même pour vivre encore ensemble. Les enfants, souvent les premiers, démystifient l'escroquerie affective qui consiste à s'entendre répondre : « *Mais tu sais, je t'aime.* » « *Ce n'est pas l'amour que tu as pour moi, maman, qui est en cause, c'est la qualité de la relation que tu me proposes qui n'est pas bonne pour moi !* » pourraient-ils dire.

Les bons sentiments n'arrivent pas à compenser les manques et les carences de la communication. Il arrive même aux sentiments de s'user, et l'amour blessé se transforme parfois en rancœur, en ressentiment et en autoprivation. Au-delà des manifestations de tendresse et d'affection, ce que souhaitent avant tout les enfants, c'est un positionnement relationnel ouvert et ferme, où les possibles et les limites de la communication soient réactualisés, redéfinis, ajustés, pas seulement dans les situations de crise et de conflit, pas toujours sur le mode réactionnel, mais sur un mode relationnel. Un mode qui permette de relier, de maintenir les protagonistes de l'échange ensemble dans la proximité et non un mode qui amplifie les oppositions, qui sépare ou qui éloigne.

Certains parents mettent longtemps à découvrir ou à accepter que l'amour parental, réellement donné, est gratuit, qu'il ne dépend pas du bon ou mauvais comportement de l'enfant, qu'il a pour finalité ultime de permettre justement à cet enfant de s'éloigner, de nous quitter... en gardant une relation qui ne soit ni aliénante ni douloureuse.

Sanctions et punitions

Il y a fréquemment dans l'esprit de beaucoup d'adultes une confusion entre sanction et punition.

Devant une transgression, un acte délictueux, un refus ou une opposition violente à une règle, à une obligation connue, la réaction la plus spontanée est de vouloir punir. C'est cela le fondement de la punition, elle est dans l'ordre du réactionnel, elle obéit à un mouvement émotionnel chez celui qui la propose ou l'impose. Elle vise à priver plus qu'à réparer. Il m'a paru important de poser quelques repères pour, d'une part, mieux différencier la sanction de la punition et, d'autre part, s'accorder (éventuellement) autour d'un langage commun, quand on travaille dans une même institution.

• La sanction devrait être une réponse adaptée, mesurée, de type privatif, à une transgression. Une sanction adaptée peut servir de référence éducative dans le sens où elle place l'enfant qui a transgressé devant sa propre autoresponsabilisation.

« C'est bien toi qui choisis de transgresser cet interdit ou cette règle et donc de courir le risque d'une sanction, c'est-à-dire d'une rencontre ou d'un retour de la réalité face à toi-même. »

Celui qui transgresse espère tirer un avantage, ou du plaisir, à son comportement, mais il sait (ou doit savoir) qu'il y a un prix à payer à base de privation ou d'interdit, quand sa transgression sera découverte.

Pour qu'il y ait sanction, il faut donc qu'il y ait connaissance des limites, des interdits, de la règle.

Aujourd'hui, trop fréquemment, le jeu consiste, pour beaucoup d'enfants transgresseurs, à ne pas se faire prendre et à en tirer un plaisir supplémentaire d'avoir réussi !...

• Introduire une dynamique sanctionnant dans une structure scolaire ou un collectif suppose donc quatre conditions, qui doivent être clairement explicitées. Ce qui supposera qu'on devra quitter le domaine de l'implicite, en particulier quand nous pensons que l'autre aurait dû savoir qu'il ne pouvait pas faire cela, ou qu'on a oublié qu'il a lui-même (dans son milieu d'origine) d'autres modèles, d'autres valeurs aux antipodes des valeurs de l'institution scolaire.

1. L'existence d'une référence : loi, règlement, charte de vie, établie autour d'un consensus.

2. La connaissance d'une réponse de caractère privatif ou interdictif, qui sera appliquée de façon adaptée par rapport à l'importance de la transgression.

3. Un garant connu (enseignant, responsable, professeur principal ou directeur) chargé de rappeler la loi et les conséquences d'une transgression.

4. Un acte ou un comportement constituant une transgression volontaire de la référence qui a été proposée (s'il y a méconnaissance de la loi, cela s'appelle une erreur).

Mieux différencier la sanction de la punition

• Il convient donc de veiller à ne pas confondre punition et sanction.

La punition est une sanction majorée par la subjectivité de celui qui la donne. C'est pour cela qu'elle est souvent vécue comme injuste.

La punition est une réaction (souvent émotionnelle) à un comportement perçu comme une transgression ou une faute.

Souvent la décision d'une punition sera prise, non pour réparer, mais pour accentuer la culpabilité ou servir d'exemple. La punition ne se veut pas en priorité réparatrice, mais veut avoir un caractère d'exemplarité (« *Comme cela il réfléchira la prochaine fois, ça lui évitera de recommencer...* »).

La punition est prise, le plus souvent, non en fonction de ce qui s'est passé, mais en fonction du retentissement, de la résonance chez celui qui découvre la transgression ou de l'émoi que suscite le non-respect d'une règle, dans une institution donnée, et qui veut se protéger d'une contagion.

Ainsi, un père se sent meurtri par la découverte du vol de son fils ; au travers de la punition, il n'est pas toujours conscient qu'il va tenter de réparer sa propre blessure : celle, par exemple, faite à l'image de « bon père » qu'il porte en lui. Une mère se sent mauvaise en apprenant le comportement de sa fille ; elle peut tenter de se réparer comme bonne mère en punissant... Un enseignant se sent blessé d'avoir été trompé, dans la confiance accordée à un élève, si celui-ci a imité sa signature ; il peut le punir pour tenter de mettre du baume sur sa blessure.

Punir, c'est faire preuve de pouvoir et de puissance, en plaçant l'enfant dans l'impuissance et la soumission.

La sanction est moins réactionnelle, plus constructive, elle s'appuie non sur le pouvoir, mais sur l'autorité de celui qui la propose. Elle vise à confronter l'enfant à la réalité qui l'entoure, aux conséquences de ses actes.

• Exemple de collusion entre sanction et punition.

Je m'appuie sur une situation qui a été vécue en France, dans une école de province fin 2001. Après avoir constaté la disparition de trois cents francs dans le porte-monnaie d'un adulte, et devant le silence des enfants qui avaient été invités à restituer l'argent dérobé, deux éducateurs et un enseignant décident la fouille au corps de toute la classe. Ce qui est interdit par les règlements de l'Education nationale.

En m'appuyant, non sur un plan légaliste ou juridique, mais uniquement sur un plan relationnel, je constate :

1. Une situation en miroir :
– des élèves volent de l'argent (transgression d'une règle), avec le désir de ne pas être pris (plaisir facile) ;
– des adultes opèrent une fouille au corps (transgression du règlement, qui interdit cela), avec le désir-plaisir de découvrir le coupable (résoudre un problème).

2. Une alternance de violences visibles et de violences invisibles.
Il nous appartient ici de comprendre la situation en termes de succession de violences visibles et invisibles, qui s'enchaînent les unes aux autres comme les morceaux d'un puzzle, dont certains seront pris en compte et d'autres ignorés.

3. Le constat d'une impuissance et d'un échec.
J'appelle violence toute décision, tout geste, toute contrainte imposée à un individu contre sa volonté.

Je vais passer en revue toutes les violences, en commençant par la plus visible, la plus médiatisée (en effet à l'époque, les mass media s'étaient emparés de l'affaire qui avait été évoquée à la télévision et dans la plupart des grands quotidiens français :

• Violence 5 (visible et médiatisée, à forte charge politique...) : D'adultes à adultes. L'inspection académique, devant l'émotion des parents (et en période sensible, préélectorale), décide la mise à pied des trois enseignants qui avaient procédé à la fouille des élèves (transgression d'un règlement).

• Violence 4 (invisible, puis visible, à forte charge émotionnelle) : D'adultes à adultes. Des parents se sentent blessés par cette fouille au corps sur leurs enfants, alertent les associations de parents d'élèves et portent plainte, considérant que leurs enfants ont subi un préjudice. Et cela d'autant plus que la fouille n'ayant rien donné, on n'a pas trouvé de coupables parmi eux, il y a un doute sur les responsables du vol (des élèves, des enfants extérieurs à l'école, des adultes de l'école ou extérieurs à l'école ?).

• Violence 3 (visible, réactionnelle, car liée à l'impuissance devant le silence des enfants qui n'avouent pas) : D'adultes (enseignants) à enfants. Des adultes imposent une fouille au corps, pour découvrir un coupable.

• Violence 2 (visible, réactionnelle) : D'enfants (ou quelqu'un d'autre) à adultes-enseignants. Des enfants volent de l'argent à des adultes qui travaillent avec eux dans la même école.

• Violence 1 (invisible, endémique) : Déposée de façon globale sur des enfants par un

ensemble d'adultes qui participent à leur éducation. C'est une violence culturelle qui s'exerce sur des enfants élevés le plus souvent dans l'ordre du désir et non dans l'ordre des besoins (qui est la principale fonction parentale). Ces enfants, conditionnés à être des consommateurs (avec un seuil de frustration très bas), vont ressentir toute rencontre avec la réalité comme une agression tant la frustration vécue leur paraît insupportable, au point qu'ils y répondent par une violence défensive, protectrice, réactionnelle (vols, passages à l'acte, transgressions...).

Autrement dit, il y a actuellement une violence de base, invisible, cachée, directe ou indirecte et globale de la part d'adultes, d'un système familial, éducatif sur des enfants vulnérabilisés, non préparés à affronter les frustrations inévitables de la réalité. Violences multiples, invisibles, dont il n'est jamais question, qui ne sont pas prises en compte, car nous sommes aveuglés par la violence visible.

Conditions et composantes de la violence invisible, que j'appelle violence 1.

• Quand on a oublié d'apprendre à des parents qu'ils sont là pour répondre aux besoins des enfants, et non à tous leurs désirs ;

• Quand les adultes ne savent pas résister aux demandes des enfants, ni baliser leurs attentes, ni les confronter très tôt à différents aspects nécessairement frustrants de la réalité ; alors très tôt le prix à payer en sera d'autant plus élevé : violences physiques, dégradations, autoviolence (drogue), dérapages sociaux, inadaptation à la vie collective... Et, face à tout cela, la sanction semble périmée, insuffisante, il y a alors une tentation de recourir à la punition, au tout sécuritaire ;

• Quand les enfants font peur aux adultes, qui se sentent démunis, ne savent comment répondre à leurs exigences, à un terrorisme banal au quotidien.

Perspectives de changement

Nous constatons, c'est un lieu commun, que la famille a changé, que la sociabilité est plus diffuse, que la convivialité de proximité a quasiment disparu. Nous pouvons le regretter, mais de nouvelles valeurs font leur apparition.

Les bases de l'éducation sociale ne sont plus

transmises ni par la famille ni par l'environnement immédiat (village, quartier, voisins), elles sont véhiculées par la télévision, Internet.

De même que la famille a changé, l'école que nous avons connue doit muter. Elle ne peut plus se contenter de transmettre du savoir et du savoir-faire, mais elle se doit d'enseigner du savoir-être, du savoir-devenir et du savoir-créer.

Et ces trois derniers points passent par un apprentissage de la communication non violente. Les enseignants auront à se former pour :

- devenir des enseignants relationnels, et poser ainsi les bases d'une communication relationnelle non violente ;
- pratiquer une pédagogie de l'implication, en prise directe sur la vie d'aujourd'hui ;
- dynamiser les relations, par la visualisation et la symbolisation ;
- découvrir que poser une question, c'est prendre le risque de la réponse ou de la non-réponse de l'autre ;
- se préparer à se confronter à des rapports de force imprévisibles ;
- témoigner, et transmettre, des valeurs de vie qui autrefois étaient acquises avant l'entrée à l'école.

A l'écoute possible
de la souffrance psychique
chez l'enfant

Comme beaucoup de parents, les enseignants sont confrontés de plus en plus fréquemment aux différentes manifestations de
la souffrance psychique d'un enfant. Celle-ci
peut avoir des origines très diverses en relation avec ce qui se passe dans sa famille, dans
son quartier, avec ce qu'il vit en classe. Cette
souffrance s'exprime rarement par une
demande directe, ou même par une plainte
ou encore par un signe susceptible de déclencher l'intérêt, la compassion des adultes. Elle
va au contraire se crier par des comportements et des conduites atypiques, qui sont
vécus comme gênants, insupportables ou
répréhensibles par l'enseignant ; celui-ci voit
la cohérence de sa classe se dégrader, et se
sent obligé de limiter la contamination à
d'autres enfants (dont l'inhibition est levée
par ces manifestations atypiques). Enfermé
dans un cycle d'interventions vécues comme
répressives alors que l'enseignant est souvent
conscient qu'il lui faudrait répondre à un

autre niveau, ce dont il n'a pas toujours les moyens.

D'un enfant qui bouge sans arrêt, « qui n'arrête pas ! », qui s'agite pour un oui, pour un non, on dira de lui qu'il est « insupportable », « nerveux », « agité », « pas bien dans sa peau », ou encore « hyperactif », et on tentera de lui apprendre à « rester calme ou tranquille », on l'enverra chez le directeur, ou chez le psychologue, on invitera les parents à consulter un pédiatre pour qu'il lui donne un traitement apaisant.

Le comportement dérangeant n'est pas entendu la plupart du temps comme un symptôme de mal-être, un signe de détresse, il est perçu comme devant être canalisé et supprimé. Un autre qui sera vu comme apathique, amorphe ou qui paraît triste, on l'étiquettera facilement comme dépressif ou inhibé et le médecin lui prescrira peut-être l'équivalent d'un « Prozac » quelconque.

Il semble difficile pour des enseignants qui se sentent responsables du climat et de la qualité des échanges entre les enfants de leur classe, qu'ils souhaitent détendus et apaisés, et qui ont le souci de créer toutes les conditions d'une bonne transmission des savoirs et des apprentissages, d'accepter d'entendre, comme l'expression d'une souffrance intime, ce qu'ils vivent, comme des transgressions à contrôler, voire à réprimer, « s'ils ne veulent pas se laisser déborder ! ». Ils sont confrontés quotidiennement à des rapports de force qui ne leur sont pas toujours favorables et à des phénomènes de contagion sur d'autres enfants qui leur semblent préjudiciables à l'épanouissement du plus grand nombre.

Les enseignants se défendent, à juste titre, d'être mis en situation de devenir des pseudo-thérapeutes ou des travailleurs sociaux. Mais peut-être serait-il important de rappeler que développer son écoute, garder la relation en ne se laissant pas envahir par du réactionnel chaque fois que c'est possible, maintenir un échange et un partage, n'est pas régler le problème ou le prendre en charge, mais que cela permet d'éviter certainement une amplification, un durcissement du désarroi chez l'enfant ou l'équivalent d'une hémorragie interne qui confronte encore plus l'enfant avec une souffrance qu'il ne peut le plus souvent nommer ou même identifier.

Dans certains établissements scolaires, ce n'est pas bien vu pour un enseignant de se pencher d'un peu trop près sur un enfant en difficulté. Peut être faudrait-il rappeler que parmi les besoins relationnels vitaux d'un enfant, outre celui de pouvoir se dire (passer de l'expression à la communication), d'être valorisé, de pouvoir rêver et espérer, d'avoir une intimité et une capacité d'influencer son environnement, il y a le besoin d'être entendu et celui, tout aussi important, d'être reconnu. Se mettre à l'écoute de la souffrance psychique d'un enfant, c'est pouvoir disposer d'un temps de rencontre possible entre lui et l'adulte, ce qui permet de se décentrer suffisamment des exigences scolaires pour pouvoir mieux se centrer sur la personne et non uniquement sur les comportements gênants de l'enfant. Etre à l'écoute est le premier pas en direction d'un apaisement possible de la souffrance et du désarroi.

La souffrance psychique d'un enfant a ceci de particulier, c'est qu'elle résonne puissamment sur l'histoire personnelle des adultes qui l'entourent et qu'elle les renvoie à un sentiment d'impuissance ingérable. Faire quelque chose sans savoir ce qu'il faudrait faire, ni comment le faire. C'est comme cela qu'il faut comprendre qu'il y a de nombreux enseignants également en souffrance, isolés, souvent incompris de leurs collègues et quelquefois marginalisés dans leur établissement.

Un hebdomadaire signalait récemment qu'on avait répertorié une nouvelle maladie, appelée « vicarious » chez les chefs d'établissement qui s'intéressaient d'un peu trop près à leurs enseignants en difficulté ! Ceux-ci mobilisent outre l'attention, un sentiment diffus de culpabilité chez l'ensemble des collègues qui s'en défendent. Il y a ainsi une sorte d'enchaînement et d'escalade qui se répercute dans toute l'équipe éducative.

CE SONT LES PARENTS DU PETIT EINSTEIN, DES DÉBILES QUI SONT PERSUADÉS QUE LEUR PETIT CHÉRI EST UN SURDOUÉ... QUI EST SORTI DE LEUR NOMBRIL !

Apprendre à communiquer est possible

Apprendre à communiquer autrement entre enseignants et enseignés est possible en respectant quelques règles d'hygiène relationnelle. J'en rappelle quelques-unes, directement opérationnelles, dans la plupart des situations de la vie scolaire.

• Utiliser le « je », et renoncer au « tu ». Cela veut dire simplement parler de soi et non sur l'autre, parler à l'autre et non sur lui. « *Je te demande de faire tes devoirs, ou "Je" suis vraiment énervé par ce bruit.* »

• Favoriser les dialogues en apposition, et non en opposition. Je n'ai pas besoin systématiquement de contrer, de disqualifier, de m'opposer au point de vue de l'autre. « *J'ai bien entendu ta position, la mienne est différente.* »

• Utiliser plus souvent la confirmation, qui donne à l'autre le sentiment qu'il a été entendu, reconnu. « *Oui, j'ai bien entendu que toi, tu ne souhaites plus continuer les leçons de violon »*, *« J'ai bien entendu que les mathématiques te paraissent inutiles, j'ai un point de vue différent du tien. »*

• Ne pas confondre le sujet et l'objet. Dans un échange, s'intéresser plus à celui qui parle qu'à ce dont il parle. *« Oui, je sens bien ta peine d'avoir perdu ton chat et je vois que cela te paraît injuste... »*, *« Je te sens déçu par la note que je t'ai donnée, as-tu envie de faire quelque chose pour ne pas entretenir ta déception ? »*

• Renoncer aux prédictions ou aux prophéties négativantes et anxiogènes. *« Tu n'es bon à rien »*, *« Si tu continues, tu deviendras un clochard »*, *« Si tu continues de tricher, plus personne ne te fera confiance... »*

• Eviter les comparaisons directes : *« Regarde ton copain, il n'a pas besoin qu'on lui demande trois fois de remettre son devoir... »*, ou les comparaisons indirectes : *« C'est pas mal ce qu'a fait ton camarade, lui au moins il sait utiliser ses mains à autre chose qu'à faire des bêtises ... »*

• N'entrer dans aucun chantage. Ne pas le pratiquer soi-même en laissant croire à un enfant qu'il sera plus aimé s'il entre dans nos désirs. Ne pas se laisser entraîner à des menaces indirectes : « *Puisque tu ne veux pas écouter (c'est-à-dire entrer dans mon désir), j'arrête de t'aider, tu feras ce que tu voudras et puis tu*

LE PROF AVEC SES YEUX EN ÉRECTION, ON DIRAIT QU'IL N'A JAMAIS VU UNE BELLE FILLE SUR LA PLAGE !

verras plus tard... » Le verbe « aimer » ne se conjugue ni à l'impératif ni au conditionnel.

• Veiller à ne pas porter de jugement. Un enfant n'est pas un imbécile ou un idiot s'il ne comprend pas ou ne fait pas ce que je désire. De même : « *Je ne suis pas un vieux schnock qui ne comprend rien à la vie, sous prétexte que je ne roule pas en moto, comme l'instit du feuilleton !* »

• « Ni despote ni pote. » Je dois apprendre à refuser, sans me sentir coupable. Mes oui et mes non en seront enrichis et valorisés.

• Ne pas forcer le refuge du silence, en voulant sonder à tout prix les replis et les méandres de leur intimité. Mais apprendre à faire des invitations ouvertes et respectueuses. « *Je te sens préoccupé, je ne sais pas si tu as envie de me dire ce que tu vis.* »

• Ne pas se cacher, ou s'abriter derrière le sacrifice. J'ai à respecter mes choix de vie en tant qu'enseignant (père ou mère, homme ou femme). « *Mon temps, mon territoire, mes projets, mes plaisirs... sont importants.* »

• Oser aussi se montrer démuni. « *Oui, je me sens impuissant, si tu persistes dans ton projet d'abandonner les études et je garde l'espoir que tu puisses continuer malgré les difficultés ou ton ras-le-bol.* » En termes de communication, c'est-à-dire de mise en commun, les échanges adultes/enfants se vivifient par l'émergence de la différence et le respect des points de vue.

• Ne pas s'emparer de leurs paroles. « *Ah oui, tu peux être fier de ton 10, après les deux 0 que tu as eus la semaine passée.* »

• Accéder au ressenti. Au-delà du fait, de l'événement, c'est le vécu et donc la résonance qui ont besoin d'être entendus.

• Accepter d'entendre les messages du corps... comme des langages. Somatisations, passages à l'acte, rituels, symbolisations. La mèche colorée des cheveux, le blouson, la boucle d'oreille, les jupes gitanes ou les minijupes sont des façons de se dire, de s'affirmer, de se différencier ou de témoigner d'une appartenance...

Conclusion provisoire

Enfants et adultes, chacun avec leurs moyens et leurs supports, peuvent se responsabiliser pour oser se dire et être entendus, pour inviter l'autre à se dire, et prendre le risque d'être entendus à leur tour.

Chacun, dans la position qui est la sienne, peut apprendre à mieux combiner, articuler et confronter ses attentes et ses apports, mieux exprimer ses zones de tolérance et ses limites.

Chacun, enseignant et enseigné, peut apprendre à mieux se définir autour des quatre ancrages qui structurent tout échange demander, donner, recevoir et refuser.

**Enfants et adultes ont besoin de se situer
dans une interaction vivante
qui ne se limite ni au conflit,
ni à la séduction, ni à la soumission
ou à la démission.**

Réformes scolaires
et changements possibles

Passer de la réforme proposée au changement sur le terrain, et de l'intention à la réalisation, suppose plus de désir et de courage
qu'il ne paraît, surtout quand l'urgence bous-
cule nos interrogations, assaille nos peurs et
réveille le « besoin de faire ». Agir, et résister
au réagir, quand la pression des événements
nous invite à colmater les insuffisances ou les
carences de l'école, dans une sorte de fuite en
avant sans fin.

Les vagues de réformes scolaires qui se sont
succédé ces dernières années, tant en France
qu'au Québec, ou en Belgique ont souvent été
des tentatives à la fois pathétiques et insuffisantes, pour ne pas dire dérisoires, face aux
besoins réels du terrain, – je pense aux besoins
des enseignants et surtout à ceux des enfants.
Est-il exagéré de souligner qu'elles furent le
plus souvent récupérées, dévoyées et englou-
ties par un retour aux habitudes acquises, par
la nécessité de gérer l'urgence, par la mise en
place de nouvelles réformes bousculant les
précédentes...

- QUI SOMMES-NOUS ?
données incomplètes, reformuler la question.
- D'OÙ VENONS-NOUS ?
données incomplètes, reformuler la question.
- OÙ ALLONS-NOUS ?
données incomplètes, reformuler la question.

Ces réformes visaient, pour l'essentiel, à restaurer, à réparer un ensemble depuis longtemps malade. Elles tentaient de supprimer des symptômes, tels que le retour ou la persistance de l'illettrisme, d'éradiquer la violence à l'école, de contrôler l'absentéisme scolaire, ou de limiter le décrochage en cours de scolarité. Le décrochage concerne les collégiens ou lycéens qui quittent les études en cours de route. Ceux qui capitulent parce qu'ils ne trouvent aucun sens à leurs études, ceux qui restent mais s'anesthésient, démotivés, désinvestis, la tête ailleurs. Ce sont les « décrochés », qui restent à l'intérieur du système scolaire, qui vont constituer une masse de passivité souffrante, pesante et non vivifiante pour l'ensemble d'une classe.

Ces réformes furent mises en place, la plupart du temps, à l'occasion d'une crise, dans une dynamique réactionnelle, quand certains seuils de tolérance étaient dépassés, pour tenter de soulager des enseignants en souffrance et des enfants en détresse (et vice versa).

Ces réformes annoncées, préparées par des commissions médiatisées, alertaient, sensibilisaient, mobilisaient l'opinion et agitaient le monde politique et les médias, sans pour autant répondre à une interrogation de fond :

« Quelles sont les fonctions essentielles de l'école aujourd'hui, pour préparer des enfants à la vie de demain ? »

Jusqu'aux dernières décennies du siècle qui vient de se terminer, ces fonctions étaient facilement reconnaissables, valorisées, acceptées avec un consensus très large : offrir à un maximum d'enfants, de tous les milieux, l'accès

au savoir et au savoir-faire, avec comme finalité de tenter de niveler les inégalités et de
permettre à chacun d'accéder à son meilleur
niveau de compétence dans une société qui se
voulait plus égalitaire et plus juste. Ces fonctions, longtemps idéalisées, ont été l'objet de
critiques et d'analyses divergentes, elles ne
s'avèrent plus très fiables aujourd'hui.

Fondations pour l'école de demain

Une des mutations fondamentales de l'école
actuelle sera de favoriser un éveil, de préparer
les enfants d'aujourd'hui à devenir les com-
municants de demain. Sensibiliser des êtres à
entrer dans une dimension relationnelle planétaire, faciliter une plus grande conscientisation pour pouvoir un jour gérer la planète
Terre, non plus comme un bien privé ou une
possession nationale, mais comme un bien
commun, précieux, à mettre au service de chacun.

Si nous acceptons de reconnaître que la
matière première du XXIe siècle sera la communication relationnelle (qui ne doit être
confondue ni avec les outils de la communication ni avec la communication de consom-

mation qui domine actuellement, où la communication est confondue avec une inflation de l'information), nous pouvons comprendre l'urgence de développer un enseignement de la communication comme une matière à part entière mais surtout comme la trame unificatrice de tous les autres corps du savoir et du savoir-faire, comme une matière favorisant la transversalité et l'intégration des connaissances. Ajouter ainsi du savoir-être, du savoir-créer et du savoir-devenir permet de valider une des missions essentielles de l'école de demain qui sera de socialiser, de réconcilier, de réunifier des cultures différentes.

Car l'école de demain sera plus qu'un vivier, elle pourrait être un espace-temps à la fois ouvert et protégé, où chacun viendra partager des savoirs, apporter, recevoir, transformer des connaissances. L'école de demain ressemblera, peut-être, à un forum où chacun aura à se confronter avec la fluidité des connaissances éphémères et à celles plus durables d'un savoir immémorial, accessible aussi à chacun. Les enseignants, quelle que soit leur formation de base, scientifique, technique ou littéraire, auront à se former à une méthodologie élémentaire de l'apprentissage de la communication, pour pouvoir l'utiliser et la retransmettre, à l'intérieur même de leur propre matière.

La réforme que je suggère, à la différence de celles qui nous sont présentées actuellement, ne se situe pas en aval ; elle n'est pas de l'ordre de la réparation, de la restauration, ou de l'adaptation. Elle se situe en amont, tel un ancrage, un point de force, une polarité autour de laquelle peuvent se rassembler tous les protagonistes concernés : enfants, parents, enseignants.

La mutation de pensée, le changement de regard, seront de ne plus voir le comportement des élèves comme posant des problèmes à l'institution, mais de considérer que l'institution scolaire est devenue la problématique centrale d'un passage de vie de l'enfant à l'âge adulte.

Avec de tels propos, je ne veux pas me situer dans l'ordre de l'intentionnalité, ou des vœux pieux, de la bonne conscience ou du « politiquement correct », mais bien dans une option pédagogique concrète. Celle de proposer une démarche d'apprentissage directement opérationnelle dans le cursus scolaire, s'appuyant sur des résonances inévitables dans l'univers familial et social de l'enfant.

Je ne sais si le pouvoir politique peut s'enga

ger dans une telle réforme de fond, car un apprentissage des relations humaines et de la communication à l'école contient un tel ferment de changement, un tel levain de mutations que l'ensemble des grands secteurs tels que la santé, la justice, le monde du travail (et donc tout le fonctionnement même du politique) seraient remis en cause.

Il appartient à chaque adulte, parents ou enseignants, de se mobiliser :

• pour permettre à l'école, par la médiation d'un apprentissage de la communication, d'occuper cet espace de socialisation susceptible de favoriser un ancrage pour une citoyenneté plus responsable ;
• pour accepter qu'une grande partie de sa mission nouvelle soit de développer les bases d'une écologie relationnelle favorisant un meilleur respect de la vie sous toutes ses formes.

Accepter de passer de la survie à la « conaissance », de l'enseignement à la formation, c'est entrer dans le désir de la vie, c'est lutter contre la stérilisation de cette sève indispensable à toute vie en société : la communication interpersonnelle.

Ce n'est pas tant aux instances politiques que je m'adresse, qu'à chacun, à des hommes, à des femmes susceptibles de découvrir qu'il est possible d'apprendre à communiquer à tout âge.

Et, tout d'abord, en sortant du double piège le plus fréquemment rencontré dans les relations humaines : l'accusation d'autrui ou l'autoaccusation, pour accéder à plus de responsabilisation, pour accepter de devenir partie prenante et coauteur de toutes nos relations.

Cette démarche d'implication personnelle supposera, au-delà d'une sensibilisation, d'accepter une remise en cause de ses attitudes de base face à autrui, comme de se positionner en apposition (et non en opposition), de se confronter (et non de s'affronter), de se définir (et non de se laisser définir).

Enseigner sans avoir éduqué,
c'est comme vouloir semer
sans avoir défriché.
Eduquer sans avoir créé
une relation vivante,
c'est comme vouloir récolter
sans avoir arrosé.

Pourquoi enseigner
la communication à l'école ?

Les raisons sont multiples et touchent aux différentes strates de notre évolution et de nos conditions de vie actuelles.

• La plus évidente est que nous sommes fondamentalement des êtres de relation. Mettre en commun, non seulement pour survivre, comme aux premiers temps de l'humanité, mais pour développer le meilleur de nous, pour accéder à nos possibles, pour nous épanouir. C'est, au travers du partage, de l'échange avec autrui, que nous grandissons dans tous les domaines.

• Si j'avais à définir la fonction primordiale de la communication, je dirais que c'est elle qui génère (ou maltraite) la vivance de notre vie, qui fait de nous des êtres énergétigènes (ou énergétivores), qui nourrit l'amour (ou la haine) de soi, qui amplifie la confiance (ou la non-confiance) en nos ressources.

• Nous vivons dans un leurre, celui de la croyance en la spontanéité de la communication. Cette mythologie, commune à beaucoup, fonctionne autour de quelques certitudes ; il suffit d'un peu de bonne volonté, de bons sentiments, d'amour et de bonne foi pour bien communiquer ! Nous sommes tous, en quelque sorte, des infirmes, des handicapés de la communication. Il nous faudra beaucoup d'humilité pour le reconnaître et beaucoup de courage et de ténacité pour accepter de changer, pour apprendre à mettre en commun de façon plus conscientisée.

• La communication relationnelle, qui devrait être la sève de la vie, est en souffrance. Aujourd'hui, elle est maltraitée, violentée, soit réduite à une expression « en conserve » avec des mots fétiches : super, cool, génial, chiant..., soit confondue avec la circulation de l'information et surtout avec ses outils hyperperformants que sont le téléphone, la télévision, Internet...

• Et puis, force est de constater, qu'il y a un appauvrissement, une maltraitance de la communication intime (conjugale, familiale, sociale...) Une sorte d'hémorragie des repères, une carence dans la transmission de valeurs, une dégradation de la fiabilité dans les engagements. Je crois qu'il serait possible de réhabiliter des actions de bientraitance, pour une communication non violente.

Propositions concrètes
pour une méthodologie
de la communication relationnelle

Pour ne pas rester dans la dénonciation, voici quelques propositions concrètes pour dynamiser une autre façon de communiquer :

• Démystifier la collusion trop fréquente entre besoins et désirs. Rappelons-le, les parents, les adultes d'aujourd'hui répondent en général trop vite aux désirs des enfants, en oubliant qu'ils sont là pour répondre surtout aux besoins des enfants et cela jusqu'à un certain âge... Cela donne cette nouvelle génération d'adolescents, d'adultolescents, pour laquelle toute rencontre avec la réalité (qui est nécessairement frustrante) va être vécue comme une agression, comme une violence, à laquelle ils vont répondre par une contre-violence. Nous avons là la base sur laquelle se construisent les comportements antisociaux générateurs de violence dans les familles, à l'école, dans les quartiers...

La confrontation avec la loi, c'est-à-dire la rencontre avec des limites, des interdits, des contraintes ne se faisant pas, et cela se traduit par des angoisses, des passages à l'acte, un affrontement direct avec ceux qui l'incarnent : parents, enseignants, policiers...

• Prendre en compte l'irruption, la présence, quasi permanente dans notre vie quotidienne d'un tiers : le monde télévisuel, qui pourrait être une fenêtre ouverte sur le monde, mais qui représente surtout l'invasion d'un monde virtuel, qui sert de référence impossible pour la plupart d'entre nous.

Cette référence aliénante alimente une difficulté à passer de l'impression à une expression personnalisée. Pour pouvoir s'exprimer (sortir de soi), encore faut-il être capable de reconnaître, de nommer ce qu'on éprouve, ce qui se passe à l'intérieur, et cela sur deux plans : celui des ressentis positifs et celui des ressentis négatifs.

• S'alerter de la présence de certains signes, qui devraient nous inciter à nous mobiliser pour qu'un tel enseignement soit possible :

– pauvreté dans les échanges réduits à des mots-valises, mots ritualisés ;

– dévoiement de l'usage des mots, utilisés non plus pour mettre en commun mais pour se violenter, se dévaloriser ou se disqualifier mutuellement ;

– difficulté à s'engager et à tenir ses engagements, prédominance des conduites d'opposition ou de soumission, valorisation des rapports de force (racket) ;

– désengagement dans beaucoup de couples et dissociation des familles ;

– violence à l'école et dans les quartiers ;

– autoviolence (augmentation des suicides de jeunes ; prise de drogue qui est l'équivalent d'un suicide différé) ;

– mal-être et recours à des béquilles médicamenteuses (petites pilules bleues, rouges, ou vertes pour dormir, pas dormir, grossir ou maigrir, se dynamiser) ;

– diminution des immunités naturelles et augmentation des somatisations... entraînant une « dévivance » de la vie.

Pour conclure ce chapitre, rappeler, simplement rappeler, que les enseignants plongés directement au cœur de tous ces phénomènes sont aujourd'hui en souffrance. Ils paient un prix fort en tensions, malaises, qui se traduisent par des somatisations diverses, des décompensations, une surconsommation d'adjuvants médicamenteux... Soit parce qu'ils sont personnellement concernés comme adultes, comme parents, soit parce qu'ils ont à affronter cinq jours par semaine vingt-cinq à trente relations porteuses de la plupart des malentendus que je viens de décrire.

Je peux tout de suite illustrer un des enjeux de toute relation pédagogique, en prenant modèle sur la façon dont un professeur pourrait se présenter en début d'année scolaire.

A l'aide de deux objets symboliques, il dirait en montrant l'un et l'autre :

« Voici les apports (matière, compétence, fiabilité) que j'ai l'intention de vous transmettre durant les dix mois à venir. »

« Voici quelques-uns de mes besoins principaux : silence, participation, coopération, adhésion, directement liés à mes apports. »

A partir de là, il pourrait demander aux élèves de venir au prochain cours avec un objet symbolique, représentant leur besoin prioritaire, afin de montrer que toute relation pédagogique est une relation de conflit de besoins entre ceux des élèves et ceux des professeurs.

Par la suite, il pourrait proposer la découverte, et l'adoption progressive, d'un certain nombre de règles d'hygiène relationnelle pour pouvoir mettre en commun les apports de chacun. Et dégager ainsi les grandes lignes d'un enseignement de base à la communication non violente.

En s'appuyant sur une méthodologie cohérente telle que la propose la méthode ESPERE ou sur d'autres travaux tels ceux de Marshall Rosenberg, autre apôtre de la communication non violente, je crois qu'il serait possible de développer des ouvrages suffisants pour permettre aux enfants de mieux apprivoiser leurs relations avec le monde qui les entoure.

Apprendre à devenir coauteur
de sa propre vie
est un chemin qui commence tôt
dans la vie d'un enfant.

S'il n'est pas découvert
dans le milieu familial,
il peut être proposé à l'école,
dès la maternelle,
et s'enrichir tout au long de la scolarité
et bien au-delà encore.

Un apprentissage nécessaire et urgent

« Il est difficile d'apprendre à nager à quelqu'un qui se noie », disait ma grand-mère. Et, aujourd'hui, nombreux sont les enseignants et les parents qui se noient. Accepteront-ils d'apprendre à nager ? Si on ne peut apprendre à nager à quelqu'un qui se noie, on peut toujours lui apprendre à ne pas tomber sans arrêt dans la rivière !

Il ne s'agit pas d'une accusation, mais d'une constatation à la fois amère et émouvante. Les enseignants sont en première ligne pour recevoir de plein fouet les pollutions, les déchets inévitables et les impacts négatifs issus des carences, des faiblesses, de l'impuissance (aussi) de la famille et de la société.

Viennent se jeter sur eux, six à sept heures par jour, les manifestations chaotiques des manques, des détresses, des violences qui ne sont que l'expression des revendications, des espérances, des rêves d'enfants en quête de repères et de modèles.

Au-delà de la demande d'un savoir, au-delà des attentes en matière de savoir-faire, vont circuler dans une classe des demandes et des souhaits implicites (même s'ils ne sont pas clairement énoncés) de savoir-être, de savoir-créer, de savoir-devenir.

Le rôle de la famille mute, celui des enseignants aussi...

Les parents, qui se sentent de plus en plus démunis, ont la tentation de se décharger d'un certain nombre de tâches qui autrefois leur étaient dévolues et qui leur paraissent aujourd'hui impossibles à assumer. Ils donnent ainsi implicitement la mission à l'école, c'est-à-dire à l'enseignant qu'ils connaissent, d'apprendre à mieux communiquer, d'initier leur enfant à la vie en commun, de lui apprendre quelques règles minimales de cohabitation avec autrui.

En un mot, ils comptent sur l'école pour qu'elle confirme et favorise la socialisation de leur enfant et son adaptation aux mutations trop rapides de la société contemporaine. D'une certaine façon, ils attendent à la fois que l'école transmette de nouvelles valeurs et qu'elle continue à entretenir et à valoriser les anciennes références, même si elles leur

paraissent désuètes, caduques, ou insuffisantes.

Les enseignants, de leur côté, considéraient
jusqu'à ces derniers temps que cette tâche
incombait à la famille. Mais de même qu'on
ne va plus chercher l'eau au puits (ce que nous
pouvons parfois regretter parce que l'eau du
robinet nous semble moins bonne que celle du
puits), le rôle de la famille a muté, celui des
enseignants devra lui aussi évoluer.

Former des enseignants relationnels : une urgence vitale

Il est temps de dépasser les vieilles querelles
sur ce que les uns et les autres devraient faire
ou ne pas faire. Il est temps de renoncer aux
accusations, aux mises en cause mutuelles,
qui surgissent au cours des rencontres
parents/enseignants.

Il est temps d'instituer comme mission fon-
damentale et principale pour les enseignants,
au-delà de la transmission d'un savoir et d'un
savoir-faire, une éducation à un savoir-créer,
à un savoir-être et à un savoir-devenir.

Ces trois derniers types de savoir relèvent
d'un apprentissage possible de la communica-

tion relationnelle. Bien sûr, toute relation pédagogique a pour vocation de permettre à un enfant de passer de l'impression (in-pression) à l'expression (extériorisation ou ex-pression) et ensuite de l'expression à la communication (mise en commun) en lui fournissant le maximum d'outils et de connaissances pour s'intégrer dans la société qui l'attend.

Mais, aujourd'hui, il s'agit d'aller plus loin et de passer de la communication à des relations structurantes autour d'une communication non violente, c'est-à-dire avec une mise en commun qui permette à la fois de se respecter et aussi de se développer en sécurité parmi ses pairs.

Il y a urgence à ce que les enseignants deviennent des enseignants relationnels, car demain n'importe quel enfant aura accès à tout le savoir du monde à l'aide d'écrans d'ordinateurs branchés sur des « serveurs » et des banques de données. La question cruciale dans les années à venir se posera en ces termes : comment permettre à cet enfant de se relier à ce savoir, d'en extraire un sens, d'en dégager des priorités et de l'intégrer dans son quotidien, pour le vivifier, pour le confronter, pour l'agrandir dans les possibles de sa vie (et non pour alimenter sa fuite dans le virtuel et le magique) ?

Pour éviter aussi que ces savoirs ne deviennent irréels en restant trop dans le virtuel, pour ne pas entretenir une collusion trop fréquente déjà aujourd'hui, chez beaucoup d'entre eux, entre technicité et progrès, entre réalité et imaginaire.

La violence à l'école n'est que le prix payé pour l'incommunication qui y sévit et les non-dits qui s'y développent

Les enseignants risquent de connaître, dans les années à venir, une ou deux décennies éprouvantes et tragiques, le qualificatif n'est pas trop fort, s'ils refusent d'apprendre, d'abord pour eux-mêmes et ensuite pour les transmettre, quelques règles d'hygiène relationnelle de base, afin de construire des communications plus vivantes et favoriser le développement de bonnes relations.

Ils risquent effectivement de se noyer et de se perdre et seront fortement remis en cause par les enfants (la famille et même la société). Bousculés, maltraités, incompris, le prix à payer ainsi, malgré eux, sera un prix très fort, trop douloureux.

Il ne m'appartient pas de jouer les Cassandre, mais de tenter d'exprimer au contraire un espoir qui peut se traduire par une action concrète, transmissible : enseigner les bases d'une hygiène relationnelle, comme une matière à part entière.

Ce qui se développe actuellement dans l'école, et autour de l'école, en termes de violences, d'autoviolences, de racket, de drogue, de conflits divers n'est qu'un aperçu annonciateur de ce qui les attend dans un avenir proche, si ce changement vital, nécessaire, si cette ouverture vers un enseignement de la communication relationnelle ne sont pas introduits dans le projet officiel de l'Education nationale et soutenus par les enseignants eux-mêmes.

Le sera-t-il, par le haut ? A partir de décisions ministérielles, des nouvelles instructions d'un changement dans les programmes introduisant une nouvelle matière que j'appellerai pour l'instant : communication relationnelle, vie personnelle et sociale ?

Le sera-t-il, par la base ? Peut-être qu'un jour les enseignants et les parents revendiqueront ce droit, qu'ils descendront dans la rue et manifesteront, sans se mettre en colère, ni démolir les écoles ou les rectorats, peut-être feront-ils une grève sociale pour que la communication relationnelle soit enseignée ?

J'ai pris le soin d'ajouter **relationnelle** au terme **communication**, car je souhaite la différencier de celle qui est censée être déjà pratiquée ou enseignée dans le cursus scolaire et qui s'apparente plus à une communication de consommation, trop souvent confondue à la fois avec la découverte et l'usage des techniques multimédias et avec la circulation (et la saturation) d'informations.

J'ai fait allusion, plus haut, à des règles d'hygiène relationnelle, j'y ajouterai la nécessité de recourir à des outils pour apprendre à communiquer.

Si les mots sont nécessaires, et indispensables, pour communiquer, ils ne sont pas suffisants pour créer des échanges en réciprocité, pour contribuer à développer des relations de créativité.

La partie aveugle de la communication, le butoir, ou l'impasse de beaucoup de tentatives de partages c'est l'accès au ressenti. Inviter les enfants à reconnaître, entendre et témoigner de leur ressenti est une tâche essentielle qui suppose le recours et la mise en application d'une règle d'hygiène relationnelle simple : ne pas confondre le sujet et l'objet, c'est-à-dire celui qui parle et ce dont il parle.

La communication peut s'apprendre comme une matière à part entière

Mon souhait serait de voir se développer, avec l'aide de quelques chercheurs, une méthodologie (qui irait plus loin que celle que je propose sous le nom de « méthode ESPERE ») pour un enseignement des relations humaines à l'école. Je vois là non pas une échappatoire à la crise actuelle, ou une réforme de plus, mais une nécessité structurelle, vitale pour la survie de l'école. Je vois aussi une réponse fondée sur une aspiration réelle à plus de conscientisation et à un engagement plus concret pour favoriser le passage de l'enfance à l'adolescence et de l'adolescence à l'âge adulte. Je vois encore l'expansion d'une conviction : celle où les enfants eux-mêmes pourraient un jour prochain apprendre aux adultes à communiquer autrement.

Il n'y a qu'à constater ce qui se passe actuellement : ce sont souvent les enfants qui sont plus vigilants que les adultes en matière d'écologie, qui font découvrir à leurs parents quelques règles essentielles pour une pratique écologique au quotidien (ne pas mélanger l'organique et le plastique, le verre et le papier...).

Aujourd'hui, nous savons que l'accession à l'autonomie, non seulement financière mais affective, émotionnelle et relationnelle, est retardée, de plus en plus repoussée... par les jeunes eux-mêmes, qui ne se sentent pas suffisamment prêts. Car l'autonomie sociale est souvent liée à l'entrée dans le monde du travail. L'accès au premier emploi s'effectue dans des conditions trop hasardeuses ou aléatoires pour asseoir cette autonomie sociale, pour la confirmer et l'étoffer par un ancrage sécurisant.

L'introduction d'un apprentissage de la communication relationnelle tout au long du cursus scolaire permettrait d'inscrire des jalons durables, réactualisables et fiables pour une meilleure rencontre avec les possibles de la vie et le passage au monde des adultes.

LE TEMPS DES SCRIBES

L'OREILLE DU GARÇON EST SUR SON DOS, IL ÉCOUTE QUAND ON LE BAT

-400

CONNAIS-TOI TOI-MÊME !

L'ÉCOLE MÉDIÉVALE

QUI HABET AURES AUDIENDI, AUDIAT

1785 LE TEMPS DU PRÉCEPTEUR...

le tems présent est gros de l'avenir...

MODÈLE JULES FERRY

LA LECTURE ET L'ÉCRITURE SONT LES FONDEMENTS DE LA LIBERTÉ ET DE L'ÉGALITÉ.

FIN XIXe

L'ESPRIT SCIENTIFIQUE DOIT RESTER OUVERT À LA CRITIQUE DE LA PENSÉE. C'EST LA BASE DE LA DÉMOCRATIE.

IL Y EUT 1968...

QU'AVEZ-VOUS ENVIE DE FAIRE AUJOURD'HUI ? APRÈS LE VOTE QUI DÉTERMINERA LES DEUX GRANDS COURANTS EXISTANT DANS NOTRE GROUPE-CLASSE, LES LEADERS NATURELS QUI SE DÉGAGERONT DE LA MASSE DES INDIVIDUS ANIMERONT L'ACTIVITÉ DE FAÇON NON DIRECTIVE...

...ET CHACUN AUTO-ÉVALUERA SA PARTICIPATION.

...ET LES MATHÉMATIQUES NOUVELLES !

UN PAYSAN ÉCHANGE UN ENSEMBLE P DE POMMES DE TERRE CONTRE UN ENSEMBLE M DE PIÈCES DE MONNAIES. LE CARDINAL DE L'ENSEMBLE M EST ÉGAL À 100 ET CHAQUE ÉLÉMENT PM VAUT 1 F. DESSINEZ 100 GROS POINTS REPRÉSENTANT LES ÉLÉMENTS DE L'ENSEMBLE M

1970

L'ESSENTIEL N'EST PAS DANS LA MATIÈRE...

... C'EST D'APPRENDRE À APPRENDRE !

ON N'Y ARRIVE PLUS, C'EST LA PAGAILLE ! C'EST DUR D'AVOIR LA PAIX...

SI ON NOUS DONNAIT DES CAMÉSCOPES.. ON ARRIVERAIT À LES INTÉRESSER DAVANTAGE !

1980

1990

LES GRANDES MATIÈRES SCOLAIRES : ÉDUCATION SEXUELLE, SIDA, DROGUES, RACKET SERONT TRAITÉES À TRAVERS L'HISTOIRE, LA GÉOGRAPHIE, LES MATHÉMATIQUES, LE FRANÇAIS ET L'ÉDUCATION PHYSIQUE.

2004

LA LOI INTERDIT DANS L'ENCEINTE DE L'ÉCOLE TOUT SIGNE RELIGIEUX OSTENSIBLE, TOUT EMBLÈME IDENTITAIRE OSTENTATOIRE ET TOUT CARACTÈRE SEXUEL VISIBLE ...

2010

CE COURS D'HISTOIRE EST OFFERT PAR BOKA-BOLA, LA BOISSON QUI PÉTILLE POUR LES JEUNES !
L'ANCÊTRE DU PROFESSEUR GÉNÉRAL, APPELÉ AUTREFOIS INSTITUTEUR OU "INSTIT", A DISPARU DES PROGRAMMES AVEC LA TRANSFORMATION DES ÉCOLES EN ÉCO-MUSÉES ~ PARRAINÉS PAR MAC GRO ~ UNE VARIÉTÉ D'ENSEIGNANTS RELATIONNELS A SURVÉCU NON SANS MAL. ON EN TROUVE DES TRACES DANS CERTAINES RÉSERVES DE DORDOGNE, DES CAUSSES, DU VERCORS ET DU BAS-FINISTÈRE ...
~ VISITE GUIDÉE AVEC ÉDUCTOUR ~

PRO EDUC — Am8:30

VOUS TRAVAILLEZ SUR CE PC GRÂCE À MEL LE MEILLEUR LOGICIEL

HISTOIRE

Les besoins de l'élève
au cœur de l'école

Chaque année, à l'automne, les débats sur toutes les questions en suspens au sein de l'enseignement (et il y en a beaucoup) reprennent. Certains sont de faux débats, me semble-t-il, en particulier quand on oppose deux notions elles-mêmes erronées dans leur formulation. « L'élève doit-il ou non rester au centre du système scolaire ? » Les notions d'élève et de centre me paraissent inadéquates.

• Pour la première notion, il aurait fallu ajouter un qualificatif qui fait défaut dans les textes, les recommandations ou les directives. Il faudrait non pas parler d'élève mais des *besoins* de l'élève. Dans cette dernière formulation, il serait alors possible de répondre : « Oui, l'école doit rester centrée sur les besoins de l'élève. » Besoins qu'il ne faut pas confondre avec des désirs, ce qui a été l'erreur commise ces trois dernières décennies. Comme si toute l'institution, les programmes, les approches pédagogiques tentaient de répondre (avec d'incroyables contorsions caméléonesques) aux désirs exprimés par les enfants (qui n'en manquent pas). Enfants de tous âges qui sont même de redoutables prescripteurs de réponses, de comportements, d'attitudes adaptés à leurs désirs au point de devenir parfois des tyrans qui tentent de mettre l'ensemble de l'institution familiale et scolaire à leur service tout en restant des insatisfaits permanents.

Des insatisfaits car les besoins, faut-il le rappeler, sont fondamentalement prioritaires sur les désirs. Ils réclament écoute et réponses adaptées. Quand ils sont maltraités ou niés comme c'est le cas dans l'« éducation d'aujourd'hui », ils se dévoient sur des désirs anarchiques, s'expriment par des passages à l'acte, se traduisent en violences ou s'évadent dans des univers virtuels coupés de la réalité.

Les réformes qui se sont succédé depuis un demi-siècle et qui préconisaient majoritairement que les méthodes pédagogiques ne soient plus déterminées par les savoirs et les savoir-faire, mais par les attentes des élèves (en tenant compte de leurs différences sociales, de leurs composantes psychologiques, de leurs vécus) allaient déboucher (à l'encontre de leurs finalités) vers une surenchère démagogique pratiquement sans limites. Laissant tous les protagonistes du monde scolaire désorientés.

L'école, en réduisant en quelque sorte ses exigences (allègement des programmes, réduction ou suppression de certaines matières, évaluations différées) donnait ainsi une priorité aux « droits » des élèves, sans pour autant repréciser, réaffirmer quels seraient leurs devoirs et leurs limites. C'est cela aussi qu'il conviendrait de mieux baliser dans le contrat pédagogique qui pourrait être établi en début de chaque année avec le groupe classe.

• Pour la deuxième notion, celle de centre, elle s'est révélée fonctionner comme un noyau d'attraction, qui a pris toute la place. L'élève n'était plus seulement au centre, mais il occupait tout l'espace, appuyé en cela par les parents qui tentaient, soit de compenser leurs propres manques, soit de se réhabiliter en accentuant leurs exigences à l'égard des enseignants.

Il conviendrait de dire que les besoins de l'élève devraient être au cœur même du dispositif de l'école. Au cœur et non au centre, cela ne signifie pas la même chose. L'institution scolaire dispose de beaucoup d'organes qui assurent des fonctions très diversifiées pour répondre ainsi aux besoins des uns et des autres.

Je vais oser une comparaison audacieuse : comparer l'école et l'hôpital si nous acceptons que l'hôpital contribue au maintien de la santé.

Il ne viendrait à l'esprit de personne d'hospitaliser un enfant dans un service de cardiologie alors qu'il relèverait d'un service de neurologie, ou de mettre en urologie celui qui aurait besoin d'aller en pneumologie. Le collège unique est semblable à un hôpital unique. Nous avons du mal à admettre (au nom du principe d'égalité) que certains enfants ne relèvent pas de la même approche pédagogique et que les moyens mis à la disposition d'un professeur d'école sont caducs vis-à-vis de ces élèves-là. Il conviendrait ici de remplacer le principe d'égalité par celui d'équité. Il ne s'agit pas de les exclure ou de les éliminer (ils savent le faire très bien tout seuls, avec leurs propres moyens), mais justement (au nom de l'équité) de pouvoir répondre aux besoins réels de ces enfants et adolescents en proposant des structures spécifiques qui soient l'équivalent de relais ou d'oasis relationnelles dans le désert des relations dans lequel ils vivent. Structures qui permettraient à des jeunes, dont la principale difficulté relève d'un mal-être relationnel, de leur incapacité à communiquer, c'est-à-dire à mettre en commun, de pouvoir apprendre à échanger, partager et accepter des relations qui s'appuieraient sur une influence mutuelle avec des adultes formés pour cela.

Et si la question la plus essentielle était : pour qui l'école a-t-elle été conçue ? Cette question se dédouble en une autre : pour quoi a-t-elle été conçue ? Les réponses à apporter devraient tenir compte des diverses réflexions en relation directe avec ces deux questions.

**Il ne s'agit plus pour l'école
de tenter de s'adapter aux désirs
et aux manques des enfants
mais à leurs besoins
et à leurs ressources.**

Supplique d'un enfant
à ses enseignants

Apprenez-nous l'enthousiasme
Enseignez-nous la tolérance
Offrez-nous l'étonnement de découvrir
N'apportez pas seulement votre savoir et vos
réponses
Réveillez aussi nos questions, appuyez-vous
sur notre curiosité
Accueillez sans vous décourager nos inter-
rogations
Appelez-nous à respecter la vie.

Apprenez-nous à échanger, à partager, à dia-
loguer
Enseignez-nous quelques-uns des possibles
de la mise en commun
N'apportez pas seulement vos exigences
mais osez manifester votre fermeté
Ne vous laissez pas entraîner par nos désirs
Réveillez notre faim d'être et notre appétit
Accueillez nos contradictions et nos tâton-
nements
Appelez-nous à agrandir la vie.

Apprenez-nous le meilleur de nous-mêmes
Enseignez-nous à regarder sous les appa-
rences, à explorer l'indicible
N'apportez pas seulement du savoir-faire
Réveillez en nous le goût de l'engagement
Accueillez notre créativité pour baliser
notre devenir
Appelez-nous à enrichir la vie.

Apprenez-nous la rencontre avec le monde
Enseignez-nous à entendre au-delà des
apparences
N'apportez pas seulement du rationnel et du
logique
Éveillez en nous la quête du sens
Accueillez nos errances et nos maladresses
Appelez-nous à entrer dans une vie plus
ardente.

Adresse d'un enseignant
à ses futurs élèves

Je vais vivre avec vous, avec chacun de vous, quelque dix mois, et cela durant plusieurs heures par jour, ce qu'on appelle le temps d'une année scolaire.

Nous allons partager ensemble, au-delà des heures de classe durant lesquelles je vais vous proposer des savoirs et des apprentissages, beaucoup d'aventures, de plaisirs, je l'espère, mais aussi certainement des difficultés, peut-être même des malentendus et des conflits.

Vous allez occuper beaucoup de mes pensées pendant cette année. En dehors de l'école, je vais être habité, enthousiasmé ou inquiet pour l'un ou l'autre d'entre vous, je vais m'interroger, me remettre en cause, m'ajuster.

Je crois avoir beaucoup de savoirs à vous apporter, et j'ai le désir profond de vous transmettre le plus possible de ces savoirs, que je crois nécessaire pour vous permettre de vous intégrer dans le monde qui vous attend et d'y être le plus à l'aise possible.

Je suis aussi porteur de plusieurs besoins vitaux pour ma vie d'enseignant :

161

- besoin de votre présence réelle, de votre participation, de votre engagement, pour nous dynamiser mutuellement ;
- besoin aussi de votre silence, pour que ce que j'ai à vous dire puisse arriver dans de bonnes conditions, sans trop de déformations, jusqu'à vous ;
- besoin de votre écoute pour que ce que j'ai à vous transmettre puisse s'intégrer dans l'ensemble de vos propres connaissances, qui sont nombreuses, même si parfois elles sont mélangées ou éparpillées ;
- besoin de votre soutien et de votre collaboration pour animer notre classe, non seulement face aux difficultés de l'un ou l'autre d'entre vous, mais pour la rendre vivante, plaisante et joyeuse ;
- j'ai aussi un besoin plus personnel, celui de réussir avec vous, pour dynamiser ma vie d'enseignant et vérifier ainsi que ce que je vous ai apporté s'inscrit dans la poursuite d'une évolution qui vous conduira vers le meilleur de votre vie d'adulte.

Mais je sais aussi que ces besoins vont entrer en concurrence avec les besoins du moment qui vont habiter l'un ou l'autre d'entre vous ;

• besoin de parler pour plusieurs d'entre vous ;
• besoin d'exploser pour l'un, dont le seuil d'intolérance sera atteint, parce que ce qui se passe chez lui ou ce qui s'est passé avant d'entrer en classe est insupportable ;
• besoin de bouger pour certains ;
• besoin de faire des plaisanteries pour d'autres ;
• besoin d'être ailleurs dans vos rêves ou d'autres projets.

Mon souhait le plus profond comme adulte, comme enseignant, serait que les difficultés scolaires que nous aurons à vivre ensemble soient à minima et ne viennent pas s'ajouter aux difficultés vécues par vous à l'extérieur de l'école, et que vos réussites sur le plan scolaire viennent s'ajouter à celles que vous pourrez vivre ailleurs. Je n'ai pas l'intention de m'ennuyer cette année, ni de me polluer avec des malentendus ; aussi, je reste ouvert à tout échange et veux partager avec chacun d'entre vous.

J'en suis là pour l'instant.

Bibliographie

Ouvrages de Jacques Salomé :

- *Charte de vie relationnelle à l'école*, Albin Michel.
- *Pour ne plus vivre sur la planète Taire*, Albin Michel.

Matériel audiovisuel :

- *Oser communiquer autrement, c'est possible* (VHS-120')
  CRDP, 16, rue Jean-Chatel, 97400 Saint-Denis-de-la-Réunion.
- *Quinze leçons de communication* (VHS-90')
  CRDP, BP 387, 51063 Reims Cedex.
- *Une communication vivante pour une école vivante* (VHS-60')
  Joseph Brethomé, 54 bis, rue Moine, 45000 Orléans.
- *Apprenons-nous mutuellement à communiquer* (2 VHS-60')
  DGACH – Service formation, rue Warocqué 59 – B – 7100 La Louvière.
- *Pour mieux communiquer à l'école* (VHS-25')
  Télévision éducative, 13, quai Jules-Ferry, 98000 Nouméa.
- *Oser le changement* (VHS-43')
  Affaires culturelles, place de La Hestre B, 7170 La Hestre.

- *Pour vivre l'école autrement* (2 VHS-72')
  Haute Ecole provinciale, chemin du Champ-de-Mars 15 – B – 7000 Mons.
- *Graine de communication. Communiquer sans violence à l'école* (DVD).
  Association la Source-Danse, 262, route d'Eaunes, 31600 Muret (fax : 05 62 23 32 97).

Autres références :

M.-F. Bonicel, « Le groupe d'analyse de la pratique professionnelle », *Les Cahiers de l'éducation*, 13/2000.

M.-F. Bonicel, « La relation d'aide, un acte d'espérance », *Revue de la psychologie de la motivation*, 4/2003.

M. Edouard, *Agrandir la vie*, Ed. Sceren – CRDP (Amiens).

K. Geerlandt et J. Salomé, *Découvrir la communication relationnelle à l'école*, Ed. Jouvence, 2003.

J. Nimier, *La formation psychosociologique des enseignants*, Paris, ESF, 1996.

B. Prot, *J'suis pas motivé, je fais pas exprès !*, Albin Michel, 2003.

Voir aussi le site spécialement consacré aux enseignants :

jacques.nimier@wanadoo.fr

Table

Du même auteur

Parle-moi, j'ai des choses à te dire (illustrations de K. Bosserdet), L'Homme, 1982.

Relation d'aide et formation à l'entretien (illustrations de F. Malnuit), Septentrion, 1987, 2003.

Apprivoiser la tendresse, Jouvence, 1988.

Les Mémoires de l'oubli (en collaboration avec Sylvie Galland), Jouvence, 1989 ; Albin Michel, 1999.

Papa, Maman, écoutez-moi vraiment, Albin Michel, 1989.

Si je m'écoutais... je m'entendrais (en collaboration avec Sylvie Galland), L'Homme, 1990.

T'es toi quand tu parles (illustrations F. Malnuit), Albin Michel, 1991.

Bonjour tendresse (illustrations de D. de Mestral), Albin Michel, 1992.

Contes à guérir, contes à grandir (illustrations de D. de Mestral), Albin Michel, 1993.

Aimer et se le dire (en collaboration avec Sylvie Galland), L'Homme, 1993.

L'Enfant Bouddha (illustrations de Cosey), Albin Michel, 1993.

Heureux qui communique, Albin Michel, 1993.

Paroles d'amour (illustrations de Florence Moureaux), Albin Michel, 1995.

Jamais seuls ensemble, L'Homme, 1995.

Charte de vie relationnelle à l'école, Albin Michel, 1995.

Communiquer pour vivre, Albin Michel, 1995.

Roussillon sur ciel (illustrations de Florence Guth), Deladrière, 1995.

C'est comme ça, ne discute pas (illustrations de D. de Mestral), Albin Michel, 1996.

En amour, l'avenir vient de loin, Albin Michel, 1996.

Tous les matins de l'amour... ont un soir (illustrations de D. de Mestral), Albin Michel, 1997.

Pour ne plus vivre sur la planète Taire (illustrations de F. Malnuit), Albin Michel, 1997.

Eloge du couple (illustrations de D. de Mestral), Albin Michel, 1998.

Une vie à se dire, L'Homme, 1998, Pocket, 2003

Toi mon infinitude (calligraphies d'Hassan Massoudi), Albin Michel, 1998.

Le Courage d'être soi, Ed. du Relié, 1999 ; Pocket, 2003.

Paroles à guérir (illustrations de Michèle Ferri), Albin Michel, 1999.

Dis, papa, l'amour c'est quoi ?, Albin Michel, 1999.

Car nous venons tous du pays de notre enfance (illustrations de D. de Mestral), Albin Michel, 2000.

Au fil de la tendresse (en collaboration avec Julos Beaucarne), Ancrage, 2000.

Contes à s'aimer, contes à aimer (illustrations de D. de Mestral), Albin Michel, 2000.

Oser travailler heureux (en collaboration avec Ch. Potié), Albin Michel, 2000.

Les Chemins de l'amour (en collaboration avec C. Enjolet), Pocket, 2000.

Inventons la paix, Librio n° 338, 2000.

Passeur de vies, (entretiens avec M. de Solemne), Dervy, 2000.

Car nul ne sait à l'avance la durée de vie d'un amour (calligraphies de Lassaâd Metoui), Dervy, 2001.

Lettres à l'intime de soi (illustrations D. de Mestral), Albin Michel, 2002.

Je t'appelle tendresse (illustrations K. Bosserdet et D. de Mestral), Albin Michel, 2002.

Un océan de tendresse (calligraphies de France Dufour), Dervy, 2002.

Mille et un chemins vers l'autre (illustrations de E. Cela), Le Souffle d'Or, 2002.

Vivre avec les autres, L'Homme, 2002.

Je mourrai avec mes blessures, Jouvence, 2002.

Ecrire l'amour (calligraphies de D. de Mestral), Dervy, 2003.

Vivre avec les miens, L'Homme, 2003.

Je croyais qu'il suffisait de t'aimer, nouvelles, Albin Michel, 2003.

Dans la même collection :

Minuscules aperçus sur la difficulté de soigner, Albin Michel, 2004.

Pour tout ce qui concerne la méthode ESPERE développée par Jacques Salomé :

www.j-salome.com
www.institut-espere.com

Composition IGS-CP
Impression BCI en août 2004
Editions Albin Michel
22, rue Huyghens, 75014 Paris
www.albin-michel.fr

ISBN 2-226-15337-3
N° d'édition : 22435. – N° d'impression : 043396/4.
Dépôt légal : septembre 2004.
Imprimé en France.

1995